C#人工知能プログラミング

オブジェクト指向＋関数型＋グラフィックスで体験する AI

深井　裕二　著

- 本書の一部または全部を出版元に無断で複製，転載することを禁じます。
- 本書の記載内容は，その効果を保証するものではありません。また，記載されているソフトウェアおよびソースコードの導入や運用による損害に対する一切の責任を負いません。
- 本書に記載されているホームページの URL は予告なく変更されることがあります。
- 本書に記載されている製品名は各社の登録商標または商標です。なお本書中では™©®の表示を省略しています。

はじめに

　人工知能（Artificial Intelligence，AI）は，コンピュータが人間の知的処理能力を模倣して処理する情報技術であり，長い歴史があります。専門知識をもとに診断や分析などの専門家の知的作業を行う推論システム，機械学習によるパターン認識，ロボット技術などに活用されながら，現在，高度な情報技術へと発展してきました。ゲームAI分野では，あたかも知能があるかのようなキャラクタのふるまいで仮想世界のリアリティを向上させ，ゲームは娯楽として高い実用性を実現していると感じさせます。近年におけるAI分野として，ディープラーニング（深層学習）などは産業に大きな影響を与えています。

　簡単に言うと，本書は主としてAIプログラミングとはどのようなものか，幅広いサンプルプログラムによって体験するプログラマ向けの本です。それらのプログラミング手法を知ることや，その上で自分のアイディアや創作力を培うことを目指すものです。でもサンプルプログラムを読むのは大変かもしれません。読者の皆さんは例えば「ツールを利用し使いこなしたいのか？」そうではなく「ツールそのものを自分で作りたいのか？」という問いにどう答えるでしょうか。いろいろな場面によって答えは変わるかもしれませんが，もし，自分で考えて作ることや，実際の中身について知ることが重要だと感じられているのなら，ぜひ本書を参考例にして「自分ならこう作る」という発想をしていただければと思います。それこそが「使うこと」から「作ること」に向かっていくプログラミングの達人への道ではないでしょうか。

　本書の内容は，AIの古典的題材，パズル，ゲーム，機械学習とディープラーニングの基礎まで，幅広いAIプログラミングの基礎を具体的にカバーします。これまで筆者による同様の内容の本としてScala版，Java版に続くC#版となります。中でもC#は，特にWindowsアプリケーション開発の主力言語でも簡単かつ汎用性が高くパワフルな言語だと思います。Windowsアプリケーションを学習されている方にとっても，本書には役立つ要素があるのではないかと思います。

　なお本書は，AIジャンルとしては数理的表現中心の本と異なる傾向の本です。数式の理解スタイルから，データ構造とプログラミングの理解スタイルに切り替えて，基礎的なサンプルソースコードを中心に理解していく形態です。サンプル

プログラムを用いた解説は，文系理系関係なく，仕事や勉強におけるまさにプログラミングする現場にとって，単刀直入に活用できる形だと思われます。その反面，数式表現された理論解説は省略してありますので，そのような学習が目的の場合は，学術論文や工学書を参考にしていただければ幸いです。本書の役目は，AI 実装の基礎となる具体的ソースコードによって，プログラミングノウハウをみなさんに提供することであり，プログラミングの実践力や AI 体験のために本書を活用されることを期待します。

プログラムの作成には Visual Studio 2017 C#言語を使用しており，本書を読むにあたり C#プログラミングおよびオブジェクト指向の基礎は学習済みであることを想定しています。なお，使用する C#のプロジェクト種類は，簡素な「コンソール」や「フォーム」による Windows デスクトップアプリケーションです。これらの理解はしやすく，書籍やインターネット上での開発情報も豊富なはずです。

プログラミングスタイルについては，オブジェクト指向をベースに，ラムダ式を活用し AI プログラミングらしい関数型スタイルを多く導入し，その一方で，機械学習などの配列処理が適している部分には，手続き型スタイルを用いています。さらに Windows アプリケーション全般に通じる .NET によるグラフィックス機能や，ウィンドウ形態の効率的動作やゲームキャラクタなどの動きを滑らかにするマルチスレッディング処理から，簡潔に記述できる並列演算なども用いて，バラエティに富んだ AI プログラミングを紹介しています。

また本書では AI プログラミングに相性の良い「簡易リスト処理ライブラリ Cons.dll」のソースを提供しています。これにより，関数型処理の記述が簡潔かつ柔軟になり，AI プログラミングの助けとなっています。本書のプログラムは，完成度はあまり高いとは言えず，あくまでサンプルですが，読者の方々によって実用的あるいは高性能なものを目指して「自分のもの」にするための有効資源になればと思います。

2018 年 3 月　深井　裕二

目 次

第 1 章　再帰処理と副問題への分割　9

1.1　C#の開発環境　9
- Visual Studio　9
- プロジェクトの構成　10

1.2　再帰的プログラミング　11
- 再帰処理とは　11
- 再帰処理の過程　13
- 再帰処理のトレースプログラム　14

1.3　フラクタルカーブ　17
- グラフィックス処理の基礎プログラム　17
- コッホ曲線プログラム　20
- ドラゴン曲線プログラム　23
- シェルピンスキー曲線プログラム　26
- ツリー曲線プログラム　28

1.4　ハノイの塔　31
- 目標と副問題への分割　31
- ハノイの塔プログラム　34
- ハノイの塔プログラム・グラフィックスバージョン　40

第 2 章　解の探索とバックトラッキング　45

2.1　N クイーン問題　45
- 解の探索と状態空間　45
- N クイーン問題プログラム　46

2.2　騎士の巡回問題　58
- ルート探索とバックトラッキング　58
- 騎士の巡回問題プログラム　59
- 騎士の巡回問題プログラム・グラフィックスバージョン　63

第 3 章　論理パズル　67

3.1　宣教師とモンスター　67
- ルールと目標状態　67

- ❏ 川渡問題プログラム ……………………………………………… 69
- ❏ 宣教師とモンスター問題プログラム ……………………………… 72

3.2　農民と狼とヤギとキャベツ ……………………………………… 81
- ❏ ルールと目標状態 ………………………………………………… 81
- ❏ 農民と狼とヤギとキャベツ問題プログラム ……………………… 83
- ❏ オブジェクト指向とプログラミングスタイル …………………… 85
- ❏ 農民と狼とヤギとキャベツ問題・グラフィックスバージョン …… 87

第 4 章　ゲーム木理論 ……………………………………………… **94**

4.1　ゼロサムゲーム …………………………………………………… **94**
- ❏ 二人零和有限確定完全情報ゲーム ……………………………… 94

4.2　TicTacToe ………………………………………………………… **95**
- ❏ ルールと勝敗 ……………………………………………………… 95
- ❏ TicTacToe 基本プログラム ……………………………………… 96
- ❏ TicTacToe グラフィックプログラム …………………………… 100

4.3　ミニマックス戦略 ……………………………………………… **106**
- ❏ 最良の手を打つ戦略 …………………………………………… 106
- ❏ TicTacToe ミニマックスプログラム ………………………… 108

4.4　アルファベータカット ………………………………………… **112**
- ❏ 目的とアルゴリズム …………………………………………… 112
- ❏ TicTacToe アルファベータカットプログラム ……………… 114

第 5 章　推論と知識ベース ……………………………………… **117**

5.1　推論エンジン …………………………………………………… **117**
- ❏ プロダクションシステムと推論エンジン …………………… 117
- ❏ 前向き推論と後ろ向き推論 …………………………………… 120

5.2　前向き推論 ……………………………………………………… **121**
- ❏ 前向き推論エンジンプログラム ……………………………… 121
- ❏ 前向き推論プログラム事例 …………………………………… 129

5.3　後ろ向き推論 …………………………………………………… **132**
- ❏ 後ろ向き推論エンジンプログラム …………………………… 132
- ❏ 後ろ向き推論プログラム事例 ………………………………… 139

第 6 章　人工生命と NPC ………………………………………… **143**

6.1 ランダムな動き ... 143
- 移動方向と方向転換のランダム決定 ... 143
- ランダム移動方向プログラム ... 144
- ランダム方向転換プログラム ... 149

6.2 Boid アルゴリズム ... 151
- 群れのルール ... 151
- Boid プログラム ... 152

6.3 ノンプレイヤーキャラクタとゲームスレッド ... 155
- ゲームの構成 ... 155
- ゲームのフォームプログラム ... 156
- マップ構築クラス ... 158
- キャラクタ基本要素クラス ... 159
- プレイヤークラス ... 161
- 敵キャラクタ（NPC）クラス ... 162
- ゲームクラスとマルチスレッド処理 ... 164

第 7 章 自律行動と追跡 ... 171

7.1 パンくず拾い ... 171
- 手掛かりを見つけて追跡する ... 171
- プロジェクトの準備・パンくず拾いのフォームプログラム ... 172
- パンくず拾い探索エンジンクラス ... 173
- パンくず拾い探索ゲームクラス ... 177

7.2 A*アルゴリズム ... 180
- ターゲットまでの最適ルート ... 180
- A*アルゴリズムのフォームプログラム ... 185
- A*アルゴリズム追跡エンジンクラス ... 186
- A*アルゴリズム追跡ゲームクラス ... 189

7.3 有限状態マシン ... 194
- NPC の自律行動システム ... 194
- 有限状態マシンのフォームプログラム ... 196
- 有限状態マシンクラス ... 197
- 有限状態マシンゲームクラス ... 199

第 8 章 機械学習とニューラルネットワーク ... 204

8.1 ニューラルネットワーク ... 204

- ❏ ニューロンモデル ･･･････････････････････････････････････ 204
- ❏ ロジスティック回帰と学習 ･･･････････････････････････････ 205
- ❏ ロジスティック回帰パターン認識プログラム ････････････････ 207

8.2 多層パーセプトロン ･････････････････････････････････ 215
- ❏ 線形分離不可能問題 ････････････････････････････････････ 215
- ❏ 多層パーセプトロンとバックプロパゲーション ･････････････ 216
- ❏ 多層パーセプトロンプログラム ･･････････････････････････ 217

第 9 章　ディープラーニングの基礎 ････････････････････ 227

9.1 深層学習の準備 ･･････････････････････････････････････ 227
- ❏ ディープラーニング ････････････････････････････････････ 227
- ❏ 手書き文字データ・ユーティリティプログラム ････････････ 227
- ❏ データ読み込みクラス ･･････････････････････････････････ 229
- ❏ データ可視化クラス ････････････････････････････････････ 232

9.2 オートエンコーダ ････････････････････････････････････ 236
- ❏ オートエンコーダの機能と構造 ･･････････････････････････ 236
- ❏ オートエンコーダプログラム ････････････････････････････ 238

9.3 デノイジングオートエンコーダと並列演算 ･･･････････････ 245
- ❏ デノイジングオートエンコーダプログラム ････････････････ 245
- ❏ デノイジングオートエンコーダ並列演算プログラム ････････ 252

9.4 ディープニューラルネットワーク ･･･････････････････････ 258
- ❏ 多層デノイジングオートエンコーダの構成 ････････････････ 258
- ❏ 手書き文字認識のディープラーニングプログラム ･･････････ 260

第 10 章　リスト処理ライブラリ ････････････････････････ 270

10.1 Cons.dll ･･･ 270
- ❏ AI 処理に適したデータ構造 ･･･････････････････････････ 270
- ❏ コンスセルによるリスト処理ライブラリ ･･････････････････ 271

10.2 本書のソースコード入手先 ･･･････････････････････････ 286

索引 ･･･ 287

第1章　再帰処理と副問題への分割

1.1　C#の開発環境

❏ Visual Studio

　本書ではC#プログラムの開発環境にVisual Studioを用います。本書での使用バージョンは，ダウンロードして無償で使えるVisual Studio Community 2017（図1-1）ですが，バージョン2015や他のエディションでも使用可能です。本書では.NET Frameworkを使用したWindowsフォームやコンソールアプリケーションを開発しますので，インストール時に.NETデスクトップ開発を選択します。

図1-1　Visual Studio Community 2017でのC#開発

❏ プロジェクトの構成

　本書で作成するプログラムは，図 1-2 のように Visual Studio のソリューションおよびプロジェクトで構成し，各章ごとにソリューションを対応させています。そして 1 つ 1 つのプログラムは，1 つのプロジェクトとして各ソリューション内に配置します。本章ですと，第 1 章は ex01 ソリューションを作成し，各プログラム「再帰処理のトレースプログラム」，「グラフィックス処理の基礎プログラム」，「コッホ曲線プログラム」…は，ex01 内に各プロジェクト「RecursiveCallApp」，「CurveApp」，「KochApp」，… として作成していきます。

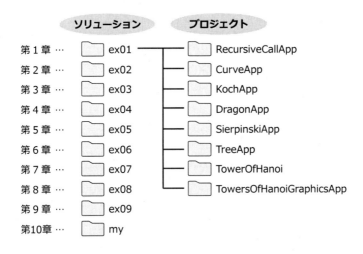

図 1-2　ソリューションとプロジェクトのフォルダ構成

　これらは，文字入出力形式やグラフィックス形式などのプログラム形式に応じて，次のプロジェクトの種類を使い分けてプロジェクトを作成します。

- コンソール アプリ(.NET Framework)　　　　　… 文字入出力アプリ
- Windows フォームアプリケーション(.NET Framework) … グラフィックスアプリ
- クラス ライブラリ(.NET Framework)　　　　　… 第 10 章のみ

1.2 再帰的プログラミング

❑ 再帰処理とは

　人工知能（Artificial Intelligence, AI）プログラミングの基礎技法でもある再帰処理について，しくみを理解しておきましょう。再帰処理は，自分自身を呼び出して処理する関数（再帰関数）によるプログラミング技法です。

　プログラムによっては再帰処理によって複雑な処理をシンプルに記述できるケースがあり，AI 分野ではよく使われることがあります。再帰処理は一種の繰り返し処理（ループ処理）です。処理対象の中には手続き型のループ処理では複雑化して困難なものがありますが，その場合，関数型の再帰処理の方がむしろ簡潔に記述できることがあります。

　再帰処理が適用できる簡単な例を見てみましょう。例えば階乗計算は一般に次のような式で表されます。

```
n! = n(n-1)!
n! = n(n-1)(n-2) … 1
5! = 5 × 4 × 3 × 2 × 1 = 120
```

　また，階乗を次のような数学関数として定義することもできます。f(x)の定義内容は，x=1 なら 1 を返し x>1 なら x·f(x-1)を返すものです。

$$f(x) = \begin{cases} 1, & x = 1 \quad \cdots \text{1 の階乗は 1} \\ x \cdot f(x-1), & x > 1 \quad \cdots \text{x の階乗は } x * (x-1)! \end{cases}$$

　これに対し，再帰呼び出しによって階乗を求めるプログラムは次のようになります。これは C#プログラム中で定義したメソッドの部分を書きだしたものです。Fact メソッドは自分自身を呼び出す形（再帰呼び出し）を含んでおり，再帰関数の構造を持っています。これは数学の関数定義と構造がよく似ています。

```
public int Fact(int x)           // 階乗を求める再帰メソッド
{
   if (x == 1) return 1;         // 1 の階乗は 1
   else return x * Fact(x - 1);  // x の階乗は x * (x-1)!
}
```

Fact メソッドにいくつか引数を与えて実行すると，次の結果が得られます。

```
Fact(1) => 1
Fact(2) => 2
Fact(3) => 6
Fact(4) => 24
Fact(5) => 120
```

　手続き型のループ処理（while や for を使った繰り返し構造）と再帰処理が大きく異なる点は，ループ処理は単純に同じ演算処理をプログラムのジャンプ構造を使って繰り返していきますが，再帰処理は関数呼び出しのしくみを使って繰り返します。

　単純なジャンプに対し関数呼び出しはやや複雑な内部処理を行います。ジャンプはプログラムの実行位置を移動させるだけで，演算に使用している変数は同じものを使っています。一方，関数呼び出しでは変数は新しいものがその都度用意されます。一見，同じものを使う方が効率的で新たなものを毎回用意するのは無駄な感じがしますが，関数が新たな変数つまり新たな作業環境を用意することが不規則で複雑な処理にも対応できる重要な仕組みとなります。

　再帰関数（再帰メソッド）の Fact は自分自身を呼び出し，Fact(5)で呼び出すと内部で Fact(4)をさらに呼び出します。つまり，解くべき問題 Fact(5)は副問題 Fact(4)を解きその結果を使用するわけです。このときさらに Fact(3)，Fact(2)というように呼び出していき，最終的に Fact(1)までいくと 1 を返します。これは数学の階乗関数定義と同じです。

　再帰関数では，延々と再帰呼び出しするとスタックオーバーフローが発生し，異常停止するため，何らかの停止条件が必要となります。今回は if (x == 1)が停止条件にあたります。x が 1 の場合は，それ以上再帰呼び出しをせずに，単純に値を返しています。

❑ 再帰処理の過程

　図 1-3 は，Fact メソッドの再帰呼び出し過程です。最初の呼び出しからスタートして，①②③④の順序で Fact メソッドが再帰呼び出しされ，⑤⑥⑦⑧の順序で各結果が戻されます。詳しく見てみると，図 1-4 のように演算が行われます。まず自分への引数 5 を保留にしておき，次の再帰呼び出しで得た戻り値 24 を掛け合わせて自分の戻り値 120 を返します。ちょうど仕事を下請けに依頼し，結果を待って作業を再開するような感じです。

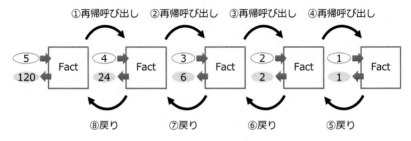

図 1-3　再帰関数が自分自身を再帰呼び出しする過程

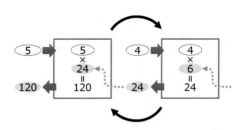

図 1-4　再帰呼び出し結果を使い自分の結果を作る

　このように演算を保留にして他の処理をするために，スタックと呼ばれる記憶メカニズムを利用します。図 1-5 は階乗計算の再帰関数における呼び出し時のスタック状態を，また，図 1-6 は戻り時のスタック状態を表したものです。

14　第 1 章　再帰処理と副問題への分割

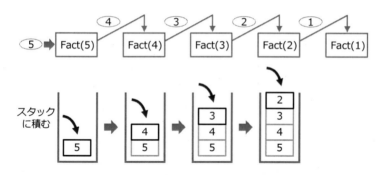

図 1-5　再帰呼び出し時のスタック状態

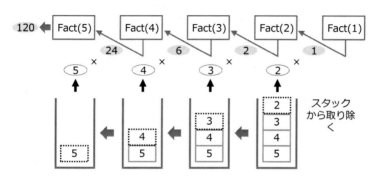

図 1-6　再帰関数の戻り時のスタック状態

　再帰呼び出し時では，演算を保留にするために自分が呼ばれたときの引数 5 をスタックに置き，次の呼び出しで渡す引数 4 はスタックの上に積むことで前の引数を保留状態にします。そして戻り時では，Fact(1)から戻り値 1 が戻されたとき，スタックに保存しておいた引数 2 を取り出して 2×1=2 を計算して Fact(2) の戻り値とします。これを最初の呼び出しまで続けます。

❏ 再帰処理のトレースプログラム

　リスト 1-1 は再帰関数呼び出しを行い，その過程を追跡表示（トレース）する C#プログラムです。Visual Studio 上でソリューションおよびプロジェクト（コンソール アプリ .NET Framework）を作成し Program.cs にコードを追加します。

ソリューション:ex01,プロジェクト:RecursiveCallApp, コンソール アプリ
リスト1-1　Program.cs　再帰関数のトレースプログラム

```
using System;

namespace RecursiveCallApp
{
  class Program
  {
    static void Main(string[] args)
    {
      var app = new RecursiveCallApp();
      Console.WriteLine("階乗=" + app.Fact(5));
      Console.ReadKey();   // 何かキーを押すまで停止(押せばプログラム終了)
    }
  }

  // 再帰呼び出しクラス
  public class RecursiveCallApp
  {
    int level = 0;        // 再帰レベル

    // 再帰呼び出し過程を追跡出力するメソッド
    T Trace<T>(string fname, string[] args, Func<T> fun)
    {
      var s = new string(new char[level]).Replace("\0", "- ") +
              level + ": " + fname;
      Console.WriteLine(s + " (" + string.Join(",", args) + ")");
      level++;
      var ret = fun();
      level--;
      Console.WriteLine(s + " =" + ret);
      return ret;
    }

    public int Fact(int x)        // 階乗を求める再帰メソッド
    {
      return Trace("Fact", new string[] { x.ToString() }, ( ) => {
        if (x == 1) return 1;             // 1の階乗は1
        else return x * Fact(x - 1);      // xの階乗は x * (x-1)!
      });
    }
  }
}
```

```
実行結果
0: Fact (5)              … 再帰レベル0, 引数(5)
- 1: Fact (4)            … 再帰レベル1, 引数(4)
- - 2: Fact (3)          … 再帰レベル2, 引数(3)
- - - 3: Fact (2)        … 再帰レベル3, 引数(2)
- - - - 4: Fact (1)      … 再帰レベル4, 引数(1)
- - - - 4: Fact =1       … 再帰レベル4, 戻り値=1
- - - 3: Fact =2         … 再帰レベル3, 戻り値=2
- - 2: Fact =6           … 再帰レベル2, 戻り値=6
- 1: Fact =24            … 再帰レベル1, 戻り値=24
0: Fact =120             … 再帰レベル0, 戻り値=120
階乗=120
```

　実行結果では，再帰レベル（再帰呼び出しの深さ）に応じてインデント（字下げ）して表示され，再帰呼び出しの過程を見ることができます。Trace メソッドは，トレース対象のメソッド名を文字列で第 1 引数に，メソッドの引数（ここでは Fact の引数 x）を文字列配列にして第 2 引数に，再帰関数の処理本体をラムダ式で第 3 引数に与えます。今回のラムダ式は次のような階乗を求める関数です。

```
( ) => {
  if (x == 1) return 1;           // 1 の階乗は 1
  else return x * Fact(x - 1);    // x の階乗は x * (x-1)!
}
```

　ラムダ式の形式は()=>{ }という形をとり，{ }内に再帰関数の処理内容を記述します。ラムダ式は関数であり処理内容そのものですが，値でもあります。値は変数に格納可能なので，図 1-7 のように，引数変数 fun に渡すことができます。

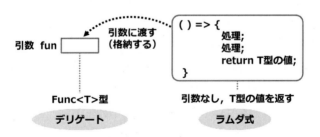

図 1-7　関数型プログラミングスタイルのためのラムダ式とデリゲート

ラムダ式は関数を値としてやり取りする機能として，関数型プログラミングスタイルに欠かせません。ラムダ式を引数に渡す場合は，引数の型としてデリゲート（メソッドを参照するための型）を使います。「Func<T> fun」は，Funcデリゲートを用いた引数 fun の宣言です。Func<T>型の引数に与えるラムダ式は，引数がなくT型の値を返す関数となります。与えられたラムダ式はfunに格納され，後で fun()によって fun に格納された関数を実行することができます。

ここで使われている<T>は型パラメータであり，まだ決まっていない型を意味します。Trace を呼び出す側で，引数 fun に実際に与えられた再帰関数の処理本体の結果の型が T の実際の型となります。この場合 Fact の処理本体の結果の値（if else での return 値）は int 型なので T は int となり，これにより，すべての T は int に置き換えられます。なお，Fact 側の「return Trace(…)」では，{ } 内の再帰処理結果を中継するようにそのまま返しているので，Fact の再帰処理に支障なくトレース処理を行います。

1.3　フラクタルカーブ

❏ グラフィックス処理の基礎プログラム

フラクタルカーブ（曲線）は自己相似形の図形であり，再帰処理の代表例です。自己相似形とは，例えば，自然界の木の構造は枝に葉がついていますが，図 1-8 のように，枝はさらに枝に分かれて同様の構造を繰り返す場合が見られます。このように全体と部分が同様の構造，つまり相似形になっている状態のことです。

図1-8　自己相似形

18　第 1 章　再帰処理と副問題への分割

　まず，曲線描画の準備として，プロジェクト（Windows フォーム アプリケーション .NET Framework）を作成し，リスト **1-2** の内容を **Form1.cs** に記述します。これは .NET のグラフィックス機能を用いて，ウィンドウ表示や長さと角度によって線を描いていく線描画プログラムです。そして後で出てくる様々なフラクタルカーブのプログラムは，このプログラムの機能をベースとして利用します。

ソリューション：ex01，プロジェクト：CurveApp，Windows フォーム アプリケーション
リスト 1-2　Form1.cs　曲線描画のグラフィックス基本プログラム

```csharp
using System;
using System.Drawing;
using System.Windows.Forms;

namespace CurveApp
{
  public partial class Form1 : Form
  {
    public Form1()
    {
      InitializeComponent();
      Width = Height = 600;
    }

    // 描画処理
    private void Form1_Paint(object sender, PaintEventArgs e)
    {
      var c = new Curve();       // 曲線オブジェクトの生成
      c.Move(50, 300);           // 開始点の設定
      c.Draw(500, 0);            // 長さと角度を与えて描画してみる
    }
  }

  // 曲線描画の基礎クラス
  public class Curve
  {
    public double lastX = 0;
    public double lastY = 0;
    Pen pen = new Pen(Color.FromArgb(255, 0, 0, 0));

    public void Move(double x, double y)            // 現在位置の移動
```

```csharp
    {
      lastX = x;
      lastY = y;
    }

    // 長さと角度で現在位置から線を描画
    public void Forward(double len, double angle)
    {
      var x = lastX + len * Math.Cos(angle);
      var y = lastY + len * Math.Sin(angle);
      DrawLine(lastX, lastY, x, y); // 線を引いて
      Move(x, y);                   // 現在位置を更新
    }

    public void Draw(int len, double angle)        // 描画処理
    {
      Forward(len, angle);           // ここでは前進描画するだけ
    }

    // 汎用的な線描画
    public void DrawLine(double x1, double y1, double x2, double y2)
    {
      var g = Form.ActiveForm.CreateGraphics();
      // 線を引く
      g.DrawLine(pen, (float)x1, (float)y1, (float)x2, (float)y2);
      g.Dispose();
    }
  }
}
```

　Form1_Paint メソッドは Form1 クラスの Paint イベントハンドラに設定した描画処理です。本プログラムでの描画処理は単なる動作テストです。Curve クラスにはグラフィックスの基盤となる処理と再帰的に描画するためのメソッドが実装されています。これらは現在位置を基準として線を描きながら進む機能です。

　リスト 1-2 を実行すると，動作テストとして単純な横線が 1 本描かれるだけですが，Curve クラスの Forward メソッドは，図 1-9 のように長さ len と角度 angle によって線を描く基礎機能です。Form1_Paint メソッド内に Forward による描画処理を適当に追加してみると，その機能が理解できると思います。

本章では，このCurveクラスをもとにオブジェクト指向の派生（継承）機能を活用して，よりコンパクトなプログラムを作成していきます。

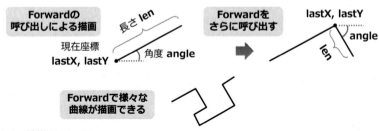

図1-9　線描画のしくみ

❏ コッホ曲線プログラム

図 1-10 とリスト 1-3 は，コッホ曲線を描くプログラムの実行結果とリストです。コッホ曲線は再帰的な曲線であり，自己相似形になっています。

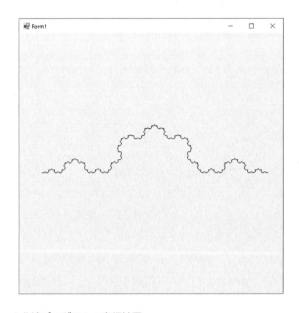

図1-10　コッホ曲線プログラムの実行結果

ソリューション：ex01，プロジェクト：KochApp，Windows フォーム アプリケーション
リスト1-3　Form1.cs　コッホ曲線プログラム

```csharp
using CurveApp;           // 参照の追加→プロジェクト→CurveApp
using System;
using System.Windows.Forms;

namespace KochApp
{
  public partial class Form1 : Form
  {
    public Form1()
    {
      InitializeComponent();
      Width = Height = 600;
    }

    private void Form1_Paint(object sender, PaintEventArgs e)
    {
      var c = new Koch();      // コッホ曲線オブジェクトの生成
      c.Move(50, 300);         // 開始位置の設定
      c.Draw(5, 500, 0);       // 再帰レベル，長さ，角度を与えて描画
    }
  }

  // コッホ曲線クラス
  class Koch : Curve      // Curveクラスを継承
  {
    public void Draw(int n, double len, double angle)    // 描画処理
    {
      if (n == 1) {              // n=1なら線を一本描く（長さと角度で）
        Forward(len, angle);
      } else {                   // n>1なら4回再帰呼び出しで描く
        var l = len / (2 / Math.Sqrt(2) + 2);   // 長さの縮小
        var a = Math.PI * 0.25;
        Draw(n-1, l, angle);            // 再帰描画（直進）
        Draw(n-1, l, angle-a);          // 再帰描画（-a回転）
        Draw(n-1, l, angle+a);          // 再帰描画（+a回転）
        Draw(n-1, l, angle);            // 再帰描画（直進）
      }
    }
```

```
    }
}
```

　図 1-11 のように Koch クラスは Curve クラスから派生させ，Move や Forward メソッドの機能を継承し，Draw メソッドはコッホ曲線独自の処理を実装しています。このように Koch クラスはオブジェクト指向の活用によって，基本プログラムとの差異のみのシンプルなプログラムになっています。

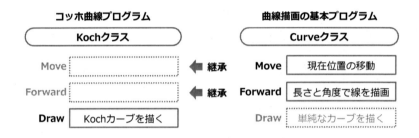

図 1-11　オブジェクト指向の派生クラスによる実装

　コッホ曲線という図形は 4 本の線による基本構造を持ちます。4 本の線は次の再帰呼び出し部分によって構成され，図 1-12 のように①〜④の線パターンを用い，Draw メソッドを再帰呼び出しすることで各線がさらに 4 本線で再帰的に構成されます。この自己相似形は再帰レベル n に応じて繰り返されます。

```
    Draw(n-1, 1, angle);         // ①再帰描画(直進)
    Draw(n-1, 1, angle-a);       // ②再帰描画(-a回転)
    Draw(n-1, 1, angle+a);       // ③再帰描画(+a回転)
    Draw(n-1, 1, angle);         // ④再帰描画(直進)
```

図 1-12　コッホ曲線の自己相似形構造

❏ ドラゴン曲線プログラム

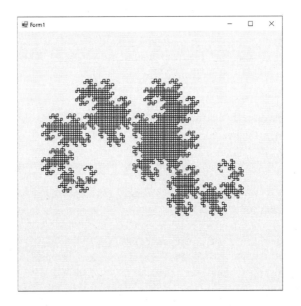

図 1-13　ドラゴン曲線プログラムの実行結果

　図 1-13 とリスト 1-4 は，ドラゴン曲線を描くプログラムの実行結果とリストです。ドラゴン曲線は 2 本の線による基本構造の自己相似形になっています。

ソリューション : ex01, プロジェクト : DragonApp, Windows フォーム アプリケーション
リスト 1-4　Form1.cs　ドラゴン曲線プログラム

```
using CurveApp;                    // 参照の追加→プロジェクト→CurveApp
using System;
using System.Windows.Forms;

namespace DragonApp
{
  public partial class Form1 : Form
  {
    public Form1()
    {
      InitializeComponent();
      Width = Height = 600;
    }
```

```
    private void Form1_Paint(object sender, PaintEventArgs e)
    {
      var c = new Dragon();      // ドラゴン曲線オブジェクトの生成
      c.Move(150, 300);          // 開始位置の設定
      c.Draw(13, 300, 0, 1);     // 再帰レベル, 長さ, 角度, スイッチを与えて描画
    }
}

// ドラゴン曲線クラス
class Dragon : Curve          // Curveクラスを継承
{
  public void Draw(int n, double len, double angle, int sw)
  {
    if (n == 1) {              // n=1なら線を一本描く(長さと角度で)
      Forward(len, angle);
    } else {                   // n>1なら2回再帰呼び出しで描く
      var l = len / (2 / Math.Sqrt(2));   // 長さの縮小
      var a = Math.PI * 0.25 * sw;        // 角度の計算(swで+-反転)
      Draw(n-1, l, angle-a, 1);           // 再帰描画(-a回転)
      Draw(n-1, l, angle+a, -1);          // 再帰描画(+a回転, sw反転)
    }
  }
}
```

　ドラゴン曲線は，次の再帰呼び出し部分によって構成され，図 1-14 のように①，②の 2 本の線パターンを用い，各線がさらに 2 本線で再帰的に構成されます。図の n=2 における①の角度は「基準角-a°」ですが，n=3 では「①の角度 -a°」となります。つまり基準角が一つ前の再帰レベルの角度になっています。

　また，②の部分は再帰呼び出しするたびにスイッチ変数 sw を反転させます。これによって角度の＋－が反転し-a° +a° → +a° -a° というように再帰レベルが増すたびにスイッチしていきます。sw によって，2 本の線を構成する際に 1 本目の曲がる向きと 2 本目の曲がる向きを逆にするわけです。

```
    Draw(n-1, l, angle-a, 1);       // ①再帰描画(-a回転)
    Draw(n-1, l, angle+a, -1);      // ②再帰描画(+a回転, sw反転)
```

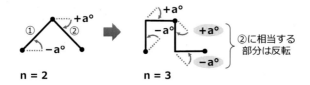

図 1-14　ドラゴン曲線の自己相似形構造

　この曲線の考え方として，図 1-15 のような例があります。これは紙を 2 つ折りにしていき，その後 90°に開いていくとドラゴン曲線の形になっているというもので，折っていくことが自己相似形の構築に相当すると考えられます。

　紙を 2 つに折ることは 1 つの要素を 2 本の線で表すことに対応し，その状態の紙をさらに 2 つに折ると，2 本の線がそれぞれさらに 2 本になり，計 4 本の線になるわけです。このとき折る向きは対称形ではなく逆になり，これが 2 本目の線の向きを反転させる sw の働きに対応しています。

　ドラゴン曲線描画を頭の中でシミュレートしてみると，せいぜい n=3 くらいの再帰レベルがいいところで，それ以上は難しくなっていきます。再帰処理は，状態の記憶を蓄積しながら処理するので，再帰レベルが増すたびに記憶すべき状態が増していき，人の頭で考えるには大変な処理になります。

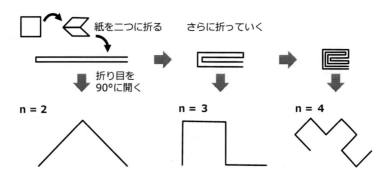

図 1-15　ドラゴン曲線の考え方の例

❑ シェルピンスキー曲線プログラム

　図 1-16 とリスト 1-5 は，シェルピンスキー曲線を描くプログラムの実行結果とリストです。シェルピンスキー曲線における自己相似形の基本構造は三角形であり，三角形の内部がさらに三角形で構成されるような自己相似形です。

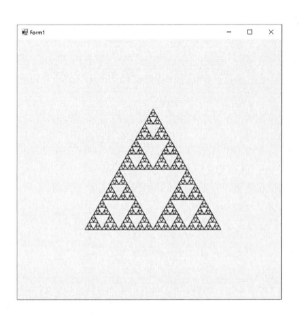

図 1-16　シェルピンスキー曲線プログラムの実行結果

ソリューション：ex01, プロジェクト：SierpinskiApp, Windows フォーム アプリケーション
リスト 1-5　Form1.cs　シェルピンスキー曲線プログラム

```
using CurveApp;                      // 参照の追加→プロジェクト→CurveApp
using System;
using System.Windows.Forms;

namespace SierpinskiApp
{
  public partial class Form1 : Form
  {
    public Form1()
    {
```

```
      InitializeComponent();
      Width = Height = 600;
    }

    private void Form1_Paint(object sender, PaintEventArgs e)
    {
      var c = new Sierpinski();     // シェルピンスキー曲線オブジェクトの生成
      c.Draw(6, 300, 300, 150);     //再帰レベル, 開始位置, 長さを与えて描画
    }
  }

  // シェルピンスキー曲線クラス
  class Sierpinski : Curve         // Curveを継承
  {
    public void Draw(int n, double len, double x, double y)
    {
      var l = len / 2;
      if (n == 1) {                 // n=1なら線を3本使って三角形を描く
        var x1 = x - l;
        var x2 = x + l;
        var y1 = y + l * Math.Sqrt(3);
        DrawLine(x, y, x1, y1);
        DrawLine(x1, y1, x2, y1);
        DrawLine(x2, y1, x, y);
      } else {                      // n>1なら3角形三つを再帰呼び出しで描く
        var l2 = l / 2;                                   // 長さの縮小
        Draw(n-1, l, x, y);                               // 再帰（上の三角形）
        Draw(n-1, l, x-l2, y+l2 * Math.Sqrt(3));          // 再帰（左下の三角形）
        Draw(n-1, l, x+l2, y+l2 * Math.Sqrt(3));          // 再帰（右下の三角形）
      }
    }
  }
}
```

　シェルピンスキー曲線は図 **1-17** のように①〜③の 3 つの三角形から成るパターンを用い，各三角形内がさらに再帰的に 3 つの三角形で構成されていきます。
　Draw メソッドの引数には再帰レベル n，三角形の長さ（サイズ）len，三角形の上部頂点座標 x, y を与えます。再帰レベル n が 1 のときは三角形を描画します。これには直線を描く DrawLine メソッドを 3 回使用して描いており，正三角形の辺の比 1:2:√3 という知識を使い，基準座標 x, y から x1, y1 および x2, y1 を求め，これら 3 点間にそれぞれ直線を描きます。

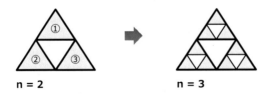

図1-17　シェルピンスキー曲線の自己相似形構造

　再帰レベル n が 1 より大きい場合は，次のように三角形の①～③の各頂点（三角形の上部頂点）座標を与えて Draw を再帰的に呼び出します。このとき引数 len を半分にした l2 を用いて下部 2 つの三角形の上部頂点を求めます。

```
Draw(n-1, 1, x, y);                          // ①再帰（上の三角形）
Draw(n-1, 1, x - l2, y + l2 * Math.Sqrt(3)); // ②再帰（左下の三角形）
Draw(n-1, 1, x + l2, y + l2 * Math.Sqrt(3)); // ③再帰（右下の三角形）
```

❏ ツリー曲線プログラム

　リスト 1-6 は木を模倣したツリー曲線を描くプログラムで，木の枝を再帰的に構築していきます。

ソリューション：ex01，プロジェクト：TreeApp，Windows フォーム アプリケーション
リスト 1-6　Form1.cs　ツリー曲線プログラム

```csharp
using CurveApp;              // 参照の追加→プロジェクト→CurveApp
using System;
using System.Windows.Forms;

namespace TreeApp
{
    public partial class Form1 : Form
    {
        public Form1()
        {
            InitializeComponent();
            Width = Height = 600;
        }
```

1.3 フラクタルカーブ

```csharp
    private void Form1_Paint(object sender, PaintEventArgs e)
    {
      var c = new Tree();                   // ツリー曲線オブジェクトの生成
      c.Move(300, 600);                     // 開始位置の設定
      c.Draw(7, 450, Math.PI * -0.5, 1);    // 再帰レベル, 長さ, 角度で描画
    }
}

// ツリー曲線クラス
class Tree : Curve        // Curveクラスを継承
{
  Random rnd = new Random();     // ランダムジェネレータ

  public void Draw(int n, double len, double angle, int sw)
  {
    var x = lastX;
    var y = lastY;
    if (n == 1) {          // n=1なら線を一本描く(長さと角度で)
      Forward(len, angle);
    } else {               // n>1なら3回再帰呼び出しで描く
      var l = len / (2 / Math.Sqrt(2));  // 長さの縮小
      var a = Math.PI * 0.15 * sw;       // 角度の計算(swで＋－反転)
      angle += angle*(0.5-rnd.NextDouble())*0.1; // 角度に揺らぎを与える

      Forward(l*0.33, angle);             // 直進で線を描く
      Draw(n-1, l*0.8, angle-a, 1);       // 再帰描画(-a回転)

      Forward(l*0.33, angle);             // 直進で線を描く
      Draw(n-1, l*0.7, angle+a, -1);      // 再帰描画(+a回転, sw反転)

      Forward(l*0.33, angle);             // 直進で線を描く
      Draw(n-1, l*0.6, angle, 1);         // 再帰描画(直進)
    }
    lastX = x;
    lastY = y;
  }
}
```

30　第 1 章　再帰処理と副問題への分割

図 1-18　ツリー曲線プログラムの実行結果

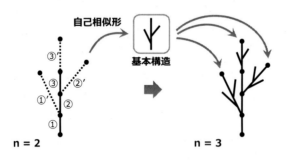

図 1-19　ツリー曲線の自己相似形構造

　図 1-18 が実行結果です。よく見ると木の枝部分が自己相似形になっています。これは，図 1-19 のような自己相似形の基本構造により，枝の構成要素①～③と再帰構造①'～③'で構築されています。

　Draw メソッドの引数には，再帰レベル n, 直線の長さ len, 直線の基準 angle, そして向きを反転描画するフラグ sw を与えます。再帰レベル n が 1 のときは

直線 1 本を描画します。n が 1 より大きい場合は，次のように枝の構造を直線と再帰描画で構成します。枝の構成要素①〜③は Forward メソッドで直線を描画し，再帰構造①'〜③'を Draw の再帰呼び出しで描きます。なお，②'の部分は sw によって反転描画しています。再帰レベルが増すと，点線部の枝①'②'③'が自己相似形となります。

これらの描画処理では長さと角度を適当な倍数によって計算していますが，その値を調整すると木の形が変化します。なお angle はランダム機能を使って微妙な揺らぎを与えており，実行するたびに形が異なっているのがわかると思います。

```
angle += angle * (0.5-rnd.NextDouble())*0.1;   // 角度に揺らぎを与える

Forward(l*0.33, angle);                 // ①直進で線を描く
Draw(n-1, l*0.8, angle-a, 1);           // ①'再帰描画（左回転）

Forward(l*0.33, angle)                  // ②直進で線を描く
Draw(n-1, l*0.7, angle+a*1.5, -1);      // ②'再帰描画（右回転, sw反転）

Forward(l*0.33, angle);                 // ③直進で線を描く
Draw(n-1, l*0.6, angle, 1);             // ③'再帰描画（直進）
```

1.4 ハノイの塔

❏ 目標と副問題への分割

再帰処理では，副問題を解くことで問題全体を解決します。これを意識してハノイの塔というパズルを解いてみましょう。

ハノイの塔は図 1-20 のようにサイズの異なる円盤を目標の場所に移動させるものです。円盤の移動できる場所は 3 つの支柱で表します。ルールとして，移動は一枚ずつ行います。その際にどの支柱に移動させてもよく，またすでに円盤が置いてある支柱に移動させても構いません。ただし，大きい円盤をそれより小さい円盤の上に乗せてはいけません。この制約を守り，目標状態の支柱へ正しい大きさの順番になるよう移動させる手順を求めるのがこの問題です。

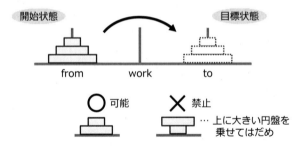

図 1-20 ハノイの塔の目標とルール

図 1-21 はルールに従って目標状態まで移動させる過程です。円盤枚数が増えていくと手順の数も次のように指数関数的に増加します。

3 枚 7 回, 4 枚 15 回, 5 枚 31 回, …, 10 枚 1023 回, 11 枚 2047 回, …

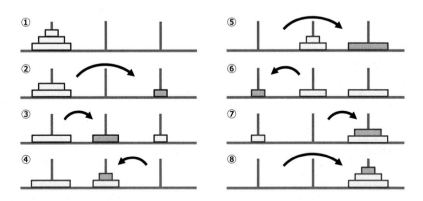

図 1-21 ハノイの塔の移動過程

移動手順を考えるために，小規模な問題から基本手順を求めます。そこで，図 1-22 のように最下部の円盤 1 枚に対しその上の全部を 1 枚とみなし，計 2 枚として扱い，上の 1 枚にあたる複数の円盤は後で再帰的に処理します。

1.4 ハノイの塔　33

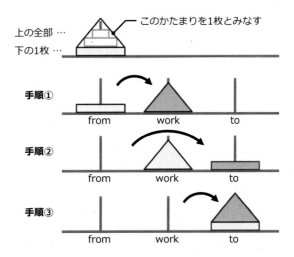

図 1-22　円盤の基本移動手順

　2枚の移動手順は手順①〜③に従って，移動元（from）と移動先（to）がどこであるかに関わらず，①from→work，②from→to，③work→to の手順で移動します。from の位置が左から1番目でも2番目でも構いません。

　まとめると，2枚の移動手順を最小単位の問題とします。そして3枚であれば1＋2枚を 1+ひとかたまり＝2枚とみなして，ひとかたまりの部分を副問題として解きます。こうして円盤枚数が何枚であっても，同じ処理内容で解決できるように再帰処理を使います。

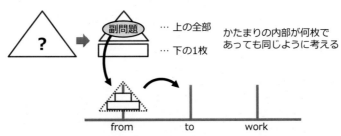

図 1-23　副問題への同じアルゴリズムの適用

この手順の中で移動はすべて再帰関数に任せ，再帰関数へは from, to, work がどこであるかを伝えます。再帰関数は伝えられた位置間の移動を行いますが，円盤が複数枚の場合は，図 1-23 のようにさらに再帰呼び出しに委ねます。

❏ ハノイの塔プログラム

リスト 1-7 はハノイの塔の問題解決プログラムです。このプログラムでは，第 10 章のリスト処理ライブラリ「Cons クラス」使用にあたり，次の設定をします。

- ソースコードに using ディレクティブ「using my.Cons」を追加
- プロジェクトでの参照の追加→参照→my¥Cons¥bin¥Debug¥Cons.dll を追加（なお，第 10 章にある my ソリューションの Cons プロジェクトを Debug モードでビルドし Cons.dll を生成しておく必要があります。）

以降の他のプログラムでも Cons クラスを使用するものは，このライブラリ設定を必要とします。リスト処理ライブラリは，AI 向きのリストデータ構造であるコンスセル（cons cell）を実装しており，ツリー型リスト構造の構築が容易です。これによって，複雑な AI データ処理を簡潔かつ柔軟に行うことができます。

ソリューション：ex01，プロジェクト：TowersOfHanoiApp，コンソール アプリ
リスト 1-7　Program.cs　ハノイの塔プログラム

```
using my.Cons; //参照の追加→参照→Cons.dll(my¥Cons¥bin¥Debug¥Cons.dll)
using System;

namespace TowerOfHanoi
{
  class Program
  {
    static void Main(string[] args)
    {
      new TowersOfHanoi(3);    // ハノイの塔オブジェクトを生成して実行
      Console.ReadKey();       // 何かキーを押すまで停止
    }
  }
}
```

```
// ハノイの塔クラス
class TowersOfHanoi
{
  Cons[] tower;        // 塔
  int n;               // 円盤数

  public TowersOfHanoi(int n)
  {
    this.n = n;
    tower = new Cons[] { Cons.Range(1, n+1), Cons.Nil, Cons.Nil };
    Hanoi(n, 0, 2, 1);      // n枚, from=0, to=2, work=1 で実行開始
  }

  // fromのm番目の円盤をtoへ移動, workは作業場所
  void Hanoi(int m, int from, int to, int work)
  {
    if (m == 1) {    // 移動対象が1枚なら, to の先頭に from の先頭を追加し
      tower[to] = new Cons(tower[from].Head, tower[to]);
      tower[from] = tower[from].Tail;       // from の先頭を取り除く
      Disp();                                // 状態を表示
    } else {             // 移動対象が複数枚なら, 副問題を解く
      Hanoi(m-1, from, work, to);          // from から work へ移動
      Hanoi(1, from, to, work);            // from から to へ移動
      Hanoi(m-1, work, to, from);          // work から to へ移動
    }
  }

  void Disp()         // 状態を表示
  {
    var s = Cons.FromArray(tower).Map((Cons x) => // 上層を0で埋める
                          Cons.Fill(0, n-x.Length()).Append(x));
    while (s.Head != Cons.Nil) {  // 上の層からループする
      s = s.Map((Cons x) => {
        var v = (int)x.Head;       // 上層の円盤番号を取り出す
        Console.Write(Cons.Rep(" ", n-v)
                    + Cons.Rep("■■", v) + Cons.Rep(" ", n-v));
        return x.Tail;             // 残りの下層を返し新たなsにする
      });
      Console.WriteLine("");
    }
    Console.WriteLine(Cons.Rep("‾", n*2*3));
  }
}
```

実行結果

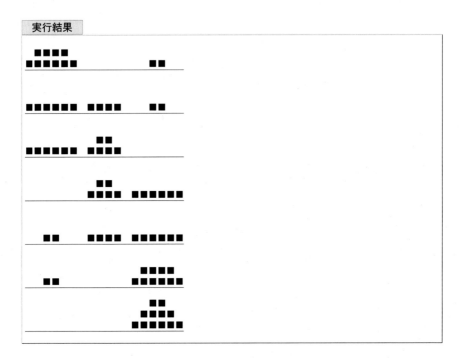

　まず先に，本プログラムで使用している Cons クラスの基本機能について取り上げておきましょう。Cons のコンストラクタは次のようにリストを生成します。

コンストラクタ(Cons クラス)	
var a = new Cons(1)	=> (1)
var b = new Cons(2, a)	=> (2, 1)
var c = new Cons(1, new Cons(2, new Cons(3)))	=> (1, 2, 3)

　引数 1 個のコンストラクタは，引数を要素とする長さ 1 のリストを生成します。また，引数 2 個のコンストラクタは，第 2 引数のリスト先頭に第 1 引数を追加したリストを新たに生成します。Cons リストの性質について，Cons クラスのメソッドは，すべてイミュータブル（immutable，変更不能）です。要素の値を変更できる配列とは異なり，リストは要素の値を変更できません。これは，副作用のない関数型言語の性質と同じであり，再帰処理や AI プログラミングでは，手続き型よりも関数型スタイルのほうが簡潔かつ柔軟に記述できますので，Cons データを用いて副作用のない関数型スタイルで記述していきます。

リストを生成する別の方法として，static メソッドの Of, Range があります。Of は任意の値で初期化したリストを，Range は連続数値のリストを生成します。

```
Of, Range メソッド(Cons クラス)
var a = Cons.Of(1, 2, 3)     => (1, 2, 3)        … 任意の初期値
var b = Cons.Range(0, 5)     => (0, 1, 2, 3, 4)  … 連番生成
```

リスト要素を参照するには，Head，Tail プロパティを使います。Head はリストの先頭要素を，Tail はリストの第 2 要素以降のリストを参照します。これらの変数は，参照が目的であり，変数への別の値の代入はできず，関数型スタイルによって，あくまでイミュータブルに扱います。

```
Head, Tail 変数(Cons クラス)
a            => (1, 2, 3)     … 変数 a の内容が(1, 2, 3)のとき
a.Head       => 1             … Head は object 型
a.Tail       => (2, 3)        … Tail は Cons 型
```

Cons.Nil は空リスト()を値として持ちます。あるリストが空リストかどうか調べるのに Cons.Nil と比較するときなどに使用します。

```
Nil 変数(Cons クラス)
Cons.Nil                       => ()          … 空リスト
a                              => (1, 2, 3)
a.Tail.Tail.Tail == Cons.Nil   => true        … 空リストかどうか？
```

また，他のコレクションデータからリストを生成する手段として，配列からリストに変換する FromArray メソッドがあります。同様に，2 次元配列や List（C# の動的配列）からリストに変換する FromArray2, FromList が用意されています。

```
FromArray メソッド(Cons クラス)
int[] x = { 1, 2, 3 }
Cons.FromArray(x)            => (1, 2, 3)     … 配列からリストに変換
```

38　第 1 章　再帰処理と副問題への分割

　ハノイの塔のプログラムではコンストラクタ呼び出し new TowersOfHanoi(3) で円盤 3 枚のハノイの塔オブジェクトを生成します。コンストラクタでは，塔を初期化し，再帰関数 Hanoi の引数に移動対象の円盤枚数 m と移動位置の from, to, work を与えます。移動位置は支柱の左から 0,1,2 の番号で表します。フィールド tower は 3 つの支柱にある円盤の現在の状態を表す配列であり，次の記述でデータ構造を構築します。初期状態では一番左の支柱[0]番に円盤 1,2,3 の順で格納され，[1][2]番には空リスト()が格納されています。

```
tower = new Cons[] { Cons.Range(1, n+1), Cons.Nil, Cons.Nil };
tower => { (1, 2, 3), (), () }   … Cons リストの配列
```

　tower のデータ構造は，簡潔な処理にするために図 1-24 のような配列とリストを使います。支柱は配列（Cons[]）を用いて tower[添え字]でアクセスします。

図 1-24　円盤の状態を表すデータ構造

　配列では添え字による要素の参照と書き換えが簡単にできるので，この場合はリストよりも高速です。各支柱の円盤はリスト（Cons）を使用します。先頭の円盤を取り除き別のリストの先頭に追加するといった処理が，リストの長さ（円盤の枚数）に関わらず高速にできます。もし円盤を配列で表すと，データ操作に処理時間がかかります。

1.4 ハノイの塔

　円盤枚数 m が 1 のときは，1 枚の移動手順に従い，from の先頭（最上部を意味する）から抜き取って to の先頭に加えます。また，m が 1 以外ならば，次の処理にあるように，手順①～③を適用して 3 つの移動処理を再帰呼び出しで行います。手順①と③では，m-1 として最下部の 1 枚を除き円盤枚数を 1 減らしています。これが上に乗ったかたまりに対する副問題化です。

```
Hanoi(m-1, from, work, to, tower);   // 手順①　fromから workへ移動
Hanoi(1, from, to, work, tower);     // 手順②　fromから toへ移動
Hanoi(m-1, work, to, from, tower);   // 手順③　workから toへ移動
```

　円盤の移動状態を表示するために，表示処理用の Disp メソッドを呼び出します。このとき Cons.FromArray(tower) によって，柔軟性の高いリスト処理ができるようリストに変換します。リスト変換後に適用している Map メソッドは，3 つの円盤リストをそれぞれ加工して新たなリストに再構成するものです。

```
var s = Cons.FromArray(tower)
        .Map((Cons x) => Cons.Fill(0, n-x.Length()).Append(x));
 … { (2,3), (), (1) } => ((0,2,3), (0,0,0), (0,0,1)) のように変換
```

　Cons クラスの Map メソッドはリストの各要素に同じ処理を適用する繰り返し処理を行います。Map の引数は関数であり，ラムダ式を渡して呼び出します。今回のラムダ式「(Cons x)=>処理」は，Cons 型引数 x を受け取り x に処理を適用して返すものです。Map は処理対象リスト(要素1，要素2，要素3)の各要素にラムダ式を適用し，得られた各結果をリスト(結果1，結果2，結果3)で返します。

Map メソッド(Cons クラス)
a　　　　　　　　　　　　=> ((1, 2), (3), (4, 5, 6))
a.Map((Cons x) => x.Tail) => ((2), (), (5, 6))

　なお，ラムダ式の引数型宣言(Cons x)を付けているのは，Cons の要素は汎用的に object 型ですが，今回の要素はさらにリストになっています。何もしないと x は object 型のままなので Cons クラスの Length, Append メソッドなどが呼び出せないため，x は Cons であると明示します。Length, Append は次のようなリ

ストの連結形，長さを求めるメソッドです。

```
Append, Length メソッド（Cons クラス）
a             => (1, 2, 3)
b             => (4, 5)
a.Append(b)   => (1, 2, 3, 4, 5)    … リストの連結
a.Length()    => 3                   … リストの長さ
```

他にも Disp では，値を繰り返してリストを生成する Fill，文字列を繰り返した文字列を生成する Rep があります。

```
Fill, Rep メソッド（Cons クラス）
Cons.Fill(123, 3)    => (123, 123, 123)     … 値を繰り返したリスト
Cons.Rep("ABC", 3)   => "ABCABCABC"         … 文字列を繰り返した文字列
```

なお，円盤の移動状態をデータとして見るためには，Hanoi メソッド中の Disp()の行の後に，次の 1 行を入れると tower のデータ状態が確認できます。

```
Console.WriteLine("{0}¥t{1}¥t{2}¥t", tower[0], tower[1], tower[2]);
```

❏ ハノイの塔プログラム・グラフィックスバージョン

リスト 1-8 はハノイの塔プログラムのグラフィックスバージョンです。今度は，円盤が移動する過程をアニメーションのように描きながら問題解決するプログラムです。グラフィックス表示のために C#のフォームを利用し，動きのあるプログラムをスムーズに処理するためにマルチスレッド処理を行っています。

ソリューション：ex01，プロジェクト：TowersOfHanoiGraphicsApp，Windows フォーム アプリケーション
リスト 1-8　Form1.cs　ハノイの塔プログラム（グラフィックスバージョン）

```
using my.Cons;              // 参照の追加→参照→Cons.dll
using System;
```

1.4 ハノイの塔

```csharp
using System.Drawing;
using System.Threading;
using System.Threading.Tasks;
using System.Windows.Forms;

namespace TowersOfHanoiGraphicsApp
{
  public partial class Form1 : Form
  {
    TowersOfHanoi hanoi;

    public Form1()
    {
      InitializeComponent();
      Width = 600;
      Height = 300;
      DoubleBuffered = true;              // 再描画時のちらつき防止
    }

    private void Form1_Load(object sender, EventArgs e)
    {
      hanoi = new TowersOfHanoi(5, this);  // ハノイの塔オブジェクトの作成
      hanoi.Run();                         // 移動処理開始
    }

    private void Form1_Paint(object sender, PaintEventArgs e)
    {
      hanoi.DrawAll(e.Graphics);           // 全円盤の描画
    }
  }

  // ハノイの塔クラス
  class TowersOfHanoi
  {
    Cons[] tower;         // 塔
    int n;                // 円盤数
    Saucer[] saucers;     // 円盤
    int sleepMsec = 300;  // 移動時間
    Form frm;

    public TowersOfHanoi(int n, Form frm)
    {
      this.n = n;
      this.frm = frm;
      tower = new Cons[] { Cons.Range(1, n+1), Cons.Nil, Cons.Nil };
```

```csharp
      saucers = new Saucer[n];
      for (var i = 0; i < n; i++) {
        saucers[i] = new Saucer(i, n, frm);
      }
    }

    public void DrawAll(Graphics g)  // 全円盤の描画
    {
      foreach (var s in saucers) {
        s.Draw(g);
      }
    }

    public void Run()
    {
      Task.Run(() => {             // 別のスレッドで動作させる
        Hanoi(n, 0, 2, 1);         // n枚, from=0, to=2, work=1 で実行開始
      });
    }

    void Disp(int from, int to)  // fromからtoへ円盤を移動させた状態を描画
    {
      Thread.Sleep(sleepMsec);              // 一定時間稼ぎ
      var saucer = saucers[(int)tower[from].Head-1];// 移動対象の円盤
      saucer.SetTower(to, tower[to].Length(), frm); // 円盤の座標変更
      frm.Invalidate();                     // ウィンドウ再描画の要請
    }

    void Hanoi(int m, int from, int to, int work)
    {
      if (m == 1) {              // 移動対象が1枚なら
        Disp(from, to);                   // 移動状態を描画
        tower[to] = new Cons(tower[from].Head, tower[to]);
                                          // to の先頭に from の先頭を追加
        tower[from] = tower[from].Tail;   // from の先頭を取り除く
      } else {                   // 移動対象が複数枚なら, 副問題を解く
        Hanoi(m - 1, from, work, to);     // from から work へ移動
        Hanoi(1, from, to, work);         // from から to へ移動
        Hanoi(m - 1, work, to, from);     // work から to へ移動
      }
    }
  }

  class Saucer      // 円盤1枚を表すクラス
```

```
{
  int idx, n;          // 円盤インデックス, 全円盤数
  int x, y, w, h;      // 左, 上, 幅, 高さ
  int fw, fh;          // フォームの幅, 高さ
  Pen pen = new Pen(Color.FromArgb(255, 0, 0, 0));   // ペン作成

  // 円盤1枚作成(idx：円盤インデックス, n：全円盤数, frm：フォーム)
  public Saucer(int idx, int n, Form frm)
  {
    this.idx = idx;
    this.n = n;
    fw = frm.ClientSize.Width;
    fh = frm.ClientSize.Height;
    w = (int)((double)fw * (0.3 - (n-idx) * 0.2 / n));
    h = (int)((double)fh / (Math.Max(10, n)) * 0.9);
    SetTower(0, n-idx-1, frm);
  }

  // 塔にセットして座標設定(tower：塔インデックス, level：何段目か)
  public void SetTower(int tower, int level, Form frm)
  {
    x = (int)(fw * 0.5 + (tower-1) * fw * 0.3  - w * 0.5);
    y = fh - (level+1) * h - 1;
  }

  public void Draw(Graphics g)      // 円盤1枚描画
  {
    g.DrawRectangle(pen, x, y, w, h);  // 四角形を描く
  }
 }
}
```

Form1 クラスでは，Form1_Load イベントハンドラで TowersOfHanoi オブジェクトの生成と問題解決の開始を行い，Form1_Paint イベントハンドラはグラフィックス描画を行います。また，TowersOfHanoi クラスにおいて，問題解決処理の Run メソッドはスレッドを生成し，その中で円盤の移動処理を行っています。こうするのは，ウィンドウ（フォーム）のスレッドで長い移動処理を行うと，ウィンドウに対するマウス操作などがその間効かなくなるので，ウィンドウ操作と円盤移動は別スレッドで処理します。さらに，円盤移動スレッド内で直接フォームに描画すると，フォームスレッドと競合し問題が起きるため，Invalidate メソッド

によってフォームスレッドに再描画の依頼だけするようにしてあります。再描画時はフォームスレッド側で Form1_Paint が呼ばれ，現在の状況が描画されます。

```
    frm.Invalidate();          // ウィンドウ再描画の要請
```

新たに作成した Saucer クラスは，円盤 1 枚を表すオブジェクトとなるものであり，面倒なグラフィックスにおける座標，サイズの計算や描画処理をまとめてあります。個々の円盤オブジェクトは次のように円盤数 n に応じて生成し，配列に格納して使用します。

```
    saucers = new Saucer[n];
    for (var i = 0; i < n; i++) {
        saucers[i] = new Saucer(i, n, frm);
    }
```

図 1-25 は実行画面です。円盤が 1 枚ずつ移動していく様子がアニメーションのように表示されます。円盤数を多くすると手順数が爆発的（指数関数的）に増加するため非常に時間がかかるようになります。

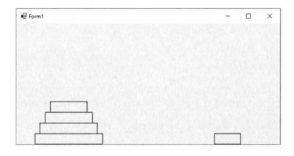

図 1-25　ハノイの塔プログラム（グラフィックスバージョン）の実行結果

第 2 章　解の探索と
　　　　　バックトラッキング

2.1　N クイーン問題

❏ 解の探索と状態空間

　N クイーン問題は，チェス盤にクイーンを配置する問題です。例えば 8 クイーンならば，図 2-1 のように 8×8 のマスに縦横斜めに重ならないような配置パターンがどれだけあるか列挙します。処理手順は，1 行ずつ Q を重複しないよう配置していきますが，どこにも置けない状態ならその置き方は破棄し，他の置けるところを試していきます。

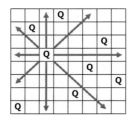

各行のQが他と縦・横・斜めに
重ならない配置をすべて求める

図 2-1　8 クイーン問題

　N クイーン問題は，状態空間探索としてすべての配置の組み合わせである状態空間から目標状態を見つけ出す問題です。配置の組み合わせを調べるのは膨大で複雑な作業ですが，N の個数に関係なく，いかにシンプルな処理手法で問題解決できるかがポイントとなります。これには再帰処理を活用して簡潔に記述します。
　状態空間は，図 2-2 のようにツリー構造としてとらえて組み合わせを試していきます。ツリー探索中に縦横斜めの重複があればその枝探索は失敗とみなして探

索を打ち切ります。そして最終的な目標状態までたどり着ける枝のルートを探します。4クイーンのケースでは最終的な解にたどり着けるルートは2つです。

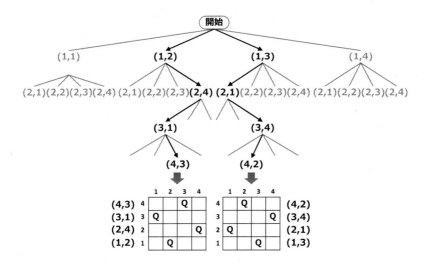

図2-2　4クイーンのときの状態空間探索と目標状態のパターン

❏ Nクイーン問題プログラム

リスト2-1はNクイーン問題を解くプログラムです。new Queens().Start(8)によって8クイーンの解探索を開始します。今回も，第10章のリスト処理ライブラリ Cons.dll を使用します。

ソリューション：ex02，プロジェクト：QueensApp，コンソール アプリ
リスト2-1　Program.cs　Nクイーン問題プログラム

```
using my.Cons;           // 参照の追加→参照→Cons.dll
using System;

namespace QueensApp
{
  class Program
```

2.1 N クイーン問題

```
{
  static void Main(string[] args)
  {
    new Queens().Start(8);     // クイーン数(行数)を指定して開始
    Console.ReadKey();         // 何かキーを押すまで停止
  }
}

// Nクイーン問題クラス
class Queens
{
  int n;            // n: クイーン数

  bool Check(int r, int c, Cons pat)    // 縦と斜めに重複しないかチェック
  {
    return pat.Forall((Cons p) =>
      c != p.GetI(1) && r - p.GetI(0) != Math.Abs(c - p.GetI(1)));
  }

  Cons Queen(int r)                     // 配置リストを複数返す
  {
    if (r == 0) {
      return Cons.Of(Cons.Nil);
    } else {
      return Queen(r - 1).FlatMap((Cons p) => Cons.Range(1, n+1)
              .Filter((int c) => Check(r, c, p))
              .Map((int c) => new Cons(Cons.Of(r, c), p)));
    }
  }

  public void Start(int n)              // 問題を解いて各配置リストを表示
  {
    this.n = n;
    Queen(n).Foreach((Cons pat) => {
      Console.WriteLine();
      pat.Foreach((Cons p) =>
        Console.WriteLine(Cons.Rep("+", p.GetI(1)-1) + "Q"
                        + Cons.Rep("+", n-p.GetI(1)))
      );
    });
  }
}
```

48　第 2 章　解の探索とバックトラッキング

```
実行結果
+++Q++++
+Q++++++
++++++Q+
++Q+++++
++++Q+++
+++++++Q
++++Q+++
Q+++++++

++++Q+++
+Q++++++
+++Q++++
++++++Q+
++Q+++++
+++++++Q
++++Q++
Q+++++++

++Q+++++
++++Q+++
+Q++++++
+++++++Q
++++Q++
+++Q++++
++++++Q+
Q+++++++

        :
    （以下省略）
```

　クイーン数（行数）N=8 とした 8 クイーン問題では，Queen メソッドは図 2-3 のように配置可能なすべての解答パターン（92 通りある）をリストで返します。一つ一つの解答パターンは 8 個の位置情報から成るリストで表現されます。各位置情報は(行番号,列番号)という Cons 型データを用います。

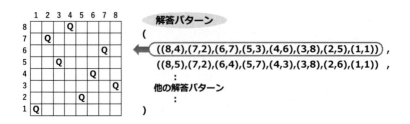

図 2-3　解答パターンのデータ表現

2.1 Nクイーン問題

　Checkメソッドはr行c列に置けるか，これまでの配置リストpatを調べます。例えば図2-4において1行1列，2行5列，3行8列に置いた状態で，次に4行6列に置けるか調べるときCheck(4,6, ((3,8),(2,5),(1,1)))で呼び出されます。そしてpatのすべてをForallメソッドで4行6列に対し，縦と斜めの位置に重ならないか調べます（3行目までしか置いていないため横方向は調べなくてもいい）。この場合，patと重ならないのでCheckはtrueを返します。

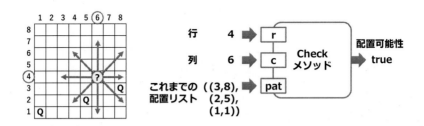

図2-4　Checkメソッド

　図2-5のように，Checkメソッド内では引数r，c，patからラムダ式による判定を行います。Forallメソッドはpatの各リスト要素pに対してすべてにラムダ式を適用し，その結果の論理積を返します。つまり，位置r，cにクイーンを置いたとき，patのすべてに対して重複配置にならないかを調べて結果を返します。

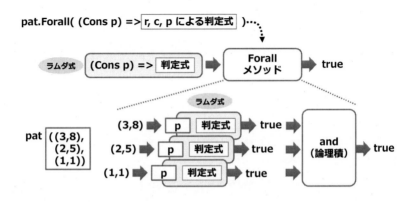

図2-5　Forallメソッドにおけるラムダ式の適用

Consクラスの Forall メソッドは，リスト要素すべてに対してラムダ式による判定条件を適用し，すべて true ならば true を返します。

```
Forall メソッド（Cons クラス）
a                              => (2, 4, 10)
a.Forall((int x) -> x % 2 == 0) => true   … すべて true ならば true
```

Forall による繰り返しの間，各配置情報はラムダ式の引数(Cons p)に格納され，p.GetI(0)で行番号，p.GetI(1)で列番号を参照して位置関係を調べます。Consクラスの GetI メソッドは，0 から始まる添え字によるリスト要素を返します。このとき int 型で返すので，結果を数値として比較，演算ができます。

```
GetI メソッド（Cons クラス）
p           => (2,5)
p.GetI(0)   => 2     … 0 から始まる要素位置で参照し int 型で返す
p.GetI(1)   => 5
```

再帰関数の Queen メソッドでは，副問題 Queen(r-1)で得られた解答パターンのリストから一つずつ取り出して p とし，1〜n の列番号を c とし，p, c の組み合わせから，配置可能な組み合わせを抽出します。例として，図 2-6 は N=4 の 4 クイーン問題における Queen の再帰処理の途中結果です。

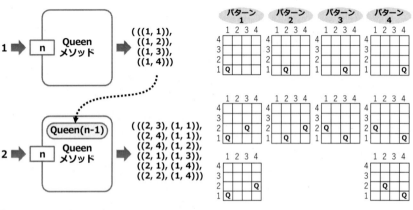

図 2-6　Queen メソッド

Queen(2)の処理では再帰的に Queen(1) の結果（1行目に配置可能なパターン1〜4）を参照し，それらに対し2行目に配置可能なパターンを生成します。パターン1と4に対し2つ，2と3に対し1つが生成され，計6パターンとなります。

Queen メソッドで使われている Cons クラスの Filter メソッドは，リスト要素に対しラムダ式の判定条件を適用し，true の場合の要素だけをリストで返します。

```
Filter メソッド（Cons クラス）
a                            => (1, 2, 3, 4)
a.Filter((int x) => x % 2 == 0)    => (2, 4)
```

8クイーン問題において，例えば p, r が次の値の場合，Check(r,c,p) が true を返すのは c の値1〜8のうち2, 7, 8のときです。このとき，図2-7のように Filter は，配置リスト p と行番号 r を参照しながら，Range が生成した列番号リスト(1,2,…,8)の各要素 c に対してラムダ式を適用し，結果が true となる c を絞り込み，それらをリストにした結果(2,7,8)を返します。

```
p      => ((2, 5), (1, 1))
r      => 3
```

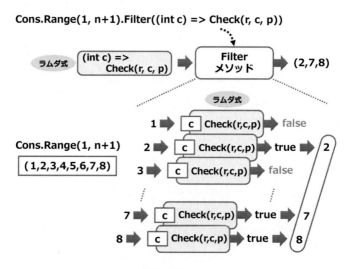

図2-7　Filter メソッドにおけるラムダ式の適用

Filter の結果(c1,c2,c3,…)と r と p(p1,p2,…)から新たなパターン((r,c1),p1,p2,…)という形を作りますが，これには Map のラムダ式によって(((r,c1),p1,p2,…), ((r,c2),p1,p2,…),…)という複数パターンのリスト構造をつくります．次のような状況では，ひとつのパターン p に対し，追加位置(3,2)，(3,7)，(3,8)を用いて新たな組み合わせパターンを 3 つ生成します．

```
p                 => ((2, 5), (1, 1))
r                 => 3
Filter の結果      => (2, 7, 8)        … c の組み合わせ

(2, 7, 8).Map(c => new Cons(Cons.Of(r, c), p)))
                                => ( ((3, 2), (2, 5), (1, 1)),
                                     ((3, 7), (2, 5), (1, 1)),
                                     ((3, 8), (2, 5), (1, 1)) )
```

　得られた複数のパターンは，ひとつのパターン p に対する組み合わせですが，もともと p は Queen(r-1) の 1 要素です．よって，Queen(r-1)が返す複数のパターンに対して，さらに複数の組み合わせパターンを生成することになります．このとき，Queen の返す値は(パターン，パターン，パターン，パターン，…)としたいところですが，Mapで生成すると((パターン，パターン)，(パターン，パターン)…)という二重のリストになってしまいます．そこで FlatMap を使います．イメージとしては次のように 2 つの結果が連結され，二重のリストではなくなります．

```
Queen(r-1)                => ((p1,p2), (p3,p4))
Filter().Map()の結果 1     => ((p5,p1,p2), (p6,p1,p2), (p7,p1,p2))
Filter().Map()の結果 2     => ((p8,p3,p4), (p9,p3,p4), (p10,p3,p4))

すべての結果について
    Map で生成      => ( ((p5,p1,p2), (p6,p1,p2), (p7,p1,p2)),
                         ((p8,p3,p4), (p9,p3,p4), (p10,p3,p4)) )
    FlatMap で生成  => ( (p5,p1,p2), (p6,p1,p2), (p7,p1,p2),
                         (p8,p3,p4), (p9,p3,p4), (p10,p3,p4)    )
```

Cons クラスの FlatMap は，リストの各要素にラムダ式を適用し，得られたリストをフラット化します．

```
FlatMap メソッド (Cons クラス)
a                                       => ((1, 2), (3, 4))
a.Map((Cons x) => new Cons(0, x))       => ((0, 1, 2), (0, 3, 4))
a.FlatMap((Cons x) => new Cons(0, x))   => (0, 1, 2, 0, 3, 4)
```

Start メソッドでは，Queen(n)から得られた全パターンに対し，Cons クラスの Foreach メソッドで出力処理を行います．Foreach は，Map のようにリスト各要素にラムダ式を適用しますが，実行するだけで結果は返しません．

```
Foreach メソッド (Cons クラス)
a                                       => ((3, 4), (2, 1), (1, 3))
a.Map((Cons x) => x.Head)               => (3, 2, 1)
a.Foreach((Cons x) => x.Print())  … 結果は返さず出力するだけなら Foreach
```

Queen が返す各解答パターンは，リストの長さが最初は 1 だったものが，再帰から戻ってきて，先頭に新たな位置情報が追加され，長くなっていきます．戻るたびに組み合わせによってパターンは 8 倍に増え，さらにそこから Filter の抽出で消去されながら配置可能なパターンが結果に生き残っていきます．

Queen の再帰処理を探索過程に着目して見てみましょう．図 2-8 は 4 クイーンの場合の Queen による探索過程です．組み合わせの生成（枝分かれ）と重複配置による探索打ち切り（枝刈り）を行いながら，ツリーのレベルを下に進めていきます．このような探索を幅優先探索と呼び，探索空間であるツリーに対し，水平方向をすべて調べてから下に向かっていきます．

4 クイーンにおける Queen の再帰呼び出しをトレースするコードを追加してみましょう．リスト 2-2 は Queens クラスをもとに派生させた Queens1 クラスです．再び Trace メソッドを用意して Queen の引数と戻り値を表示させてみます．

54　第 2 章　解の探索とバックトラッキング

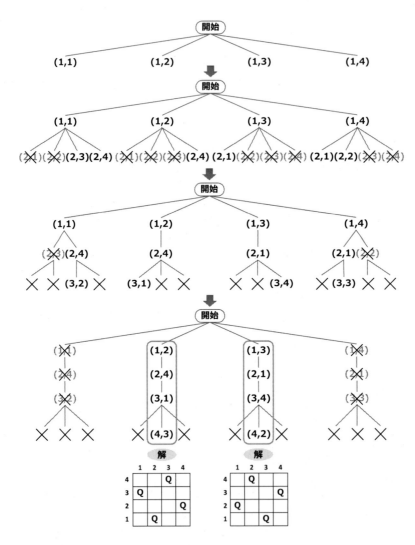

図 2-8　幅優先探索

ソリューション：ex02, プロジェクト：QueensApp1, コンソール アプリ

リスト 2-2　Program.cs　N クイーン問題プログラム（トレース機能バージョン）

```
using my.Cons;              // 参照の追加→参照→Cons.dll
using System;

namespace QueensApp1
```

2.1 Nクイーン問題

```csharp
{
  class Program
  {
    static void Main(string[] args)
    {
      new Queens().Start(4);      // クイーン数(行数)を指定して開始
      Console.ReadKey();          // 何かキーを押すまで停止
    }
  }

  // Nクイーン問題クラス
  class Queens
  {
    int n;                // n: クイーン数
    int level = 0;        // 再帰レベル

    // 再帰呼び出し過程を追跡出力する
    T Trace<T>(string fname, string[] args, Func<T> fun)
    {
      string s = new string(new char[level]).Replace("\0", "- ") +
                          level + ": " + fname;
      Console.WriteLine(s + " (" + string.Join(",", args) + ")");
      level++;
      var ret = fun();
      level--;
      Console.WriteLine(s + " =" + ret);
      return ret;
    }

    bool Check(int r, int c, Cons pat)   // 縦と斜めに重複しないかチェック
    {
      return pat.Forall((Cons p) =>
        c != p.GetI(1) && r - p.GetI(0) != Math.Abs(c - p.GetI(1)));
    }

    Cons Queen(int r)                    // 配置リストを複数返す
    {
      return Trace("Queen", new string[] { r.ToString() }, ( ) => {
        if (r == 0) {
          return Cons.Of(Cons.Nil);
        } else {
          return Queen(r - 1).FlatMap((Cons p) => Cons.Range(1, n+1)
                  .Filter((int c) => Check(r, c, p))
                  .Map((int c) => new Cons(Cons.Of(r, c), p)));
        }
```

```
      });
    }

    public void Start(int n)          // 問題を解いて各配置リストを表示
    {
      this.n = n;
      Queen(n).Foreach((Cons pat) => {
        Console.WriteLine();
        pat.Foreach((Cons p) =>
          Console.WriteLine(Cons.Rep("+", p.GetI(1)-1) + "Q" +
                            Cons.Rep("+", n-p.GetI(1)))
        );
      });
    }
  }
}
```

実行結果

```
0: Queen (4)
- 1: Queen (3)
- - 2: Queen (2)
- - - 3: Queen (1)
- - - - 4: Queen (0)
- - - - 4: Queen = (())                    … 初期値として空リスト
- - - 3: Queen = (((1, 1)), ((1, 2)), ((1, 3)), ((1, 4)))
                                           … 探索候補は4パターン
- - 2: Queen = (((2, 3), (1, 1)), ((2, 4), (1, 1)), ((2, 4), (1, 2)),
                ((2, 1), (1, 3)), ((2, 1), (1, 4)), ((2, 2), (1, 4)))
                                           … 探索候補は6パターン
- 1: Queen = (((3, 2), (2, 4), (1, 1)), ((3, 1), (2, 4), (1, 2)),
              ((3, 4), (2, 1), (1, 3)), ((3, 3), (2, 1), (1, 4)))
                                           … 探索候補は4パターン
0: Queen = (((4, 3), (3, 1), (2, 4), (1, 2)),
            ((4, 2), (3, 4), (2, 1), (1, 3)))
                                           … 最終的な探索結果は2パターン
++Q+
Q+++
+++Q
+Q++

+Q++
+++Q
Q+++
++Q+
```

（改行位置は見やすいように修正してあります）

2.1 Nクイーン問題

　各再帰呼び出しの戻り値は，次のように探索結果のパターンをリストにしたものが返されていきます。初回の結果である Queen(0) の戻り値は，初期値として Cons.Of(Cons.Nil)=(()) といった空のリストが返されます。その結果を受け取った Queen(1) の処理では，(()).FlatMap(p …) によって p の値は () が 1 個，次は，(1,2,3,4).Filter(c …) によって c の値は 1,2,3,4 の 4 個で 1 個×4 個の組み合わせとなります。このとき r は 1，p は () なので，組み合わせで得られるパターンは，new Cons((1,1),())→((1,1)) という要領で作られていきます。

```
Queen(0) =>  (())                              … 空リスト

Queen(1) =>  (((1, 1)),                        … パターン1
              ((1, 2)),                        … パターン2
              ((1, 3)),                        … パターン3
              ((1, 4)))                        … パターン4

Queen(2) =>  (((2, 3), (1, 1)),                … パターン1
              ((2, 4), (1, 1)),                … パターン2
              ((2, 4), (1, 2)),                … パターン3
              ((2, 1), (1, 3)),                … パターン4
              ((2, 1), (1, 4)),                … パターン5
              ((2, 2), (1, 4)))                … パターン6

Queen(3) =>  (((3, 2), (2, 4), (1, 1)),        … パターン1
              ((3, 1), (2, 4), (1, 2)),        … パターン2
              ((3, 4), (2, 1), (1, 3)),        … パターン3
              ((3, 3), (2, 1), (1, 4)))        … パターン4

Queen(4) =>  (((4, 3), (3, 1), (2, 4), (1, 2)),  … パターン1
              ((4, 2), (3, 4), (2, 1), (1, 3)))  … パターン2
```

　こうして位置の長さが 1 である 4 パターンが得られ，それらが Map によってリストでくくられて，結果は (((1,1)), ((1,2)), …) という形になります。さらにその結果を受け取った Queen(2) では，4 パターン×4 個＝16 個の組み合わせを生成し，そこから Filter で配置可能なパターンのみにフィルタリングされ，(((2,3),(1,1)), ((2,4),(1,1)), …) と長さが 2 である 6 パターンが得られ

ます。こうしてパターンの生成と条件による絞り込みが繰り返されていきます。毎回の再帰処理ではパターンに新たな r, c の組み合わせが追加されるので次第に各パターンの長さが伸びていき，最終的に Queen(4) では，位置の長さが 4，つまり 4 クイーン分の位置情報が構築されます。

2.2　騎士の巡回問題

❑ ルート探索とバックトラッキング

　騎士の巡回問題は，図 2-9 のようにチェスのナイト（騎士）の移動ルールに従ってチェス盤のマスをすべて 1 回ずつ訪れるルートを見つけ出す問題です。

　開始位置から移動させ，すでに訪れているマスに来ると，そのルート選択は失敗とみなし，戻って別のルートを試します。このようにコンピュータが試行錯誤しながら後戻りする処理方法をバックトラッキング（backtracking）と呼びます。

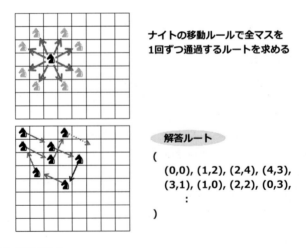

図 2-9　騎士の巡回問題

❏ 騎士の巡回問題プログラム

リスト 2-3 は騎士の巡回問題を解くプログラムです。チェス盤サイズ N=5 とし，再帰関数 Knight メソッドがバックトラッキングしながらルート探索します。

ソリューション：ex02，プロジェクト：KnightsTourApp，コンソール アプリ

リスト 2-3　Program.cs　騎士の巡回問題プログラム

```csharp
using my.Cons;              // 参照の追加→参照→Cons.dll
using System;

namespace KnightsTourApp
{
  class Program
  {
    static void Main(string[] args)
    {
      new KnightsTour(5).Start(0, 0);  // 盤サイズ, 初期位置を指定して開始
      Console.ReadKey();                // 何かキーを押すまで停止
    }
  }

  // 騎士の巡回問題クラス
  class KnightsTour
  {
    int n;                // n: チェス盤サイズ
    int[,] bd;            // n×nチェス盤, 2次元配列
    Cons[] pat;           // ナイトの移動パターン生成

    public KnightsTour(int n)
    {
      this.n = n;
      bd = Cons.MakeIntArray2(n, n, 0);
      pat = new Cons[] {
        Cons.Of(1,2), Cons.Of(1,-2), Cons.Of(-1,2), Cons.Of(-1,-2),
        Cons.Of(2,1), Cons.Of(2,-1), Cons.Of(-2,1), Cons.Of(-2,-1)};
    }

    Cons Knight(int r, int c, int cnt, Cons route) // r,cへの移動を試す
    {
      if (r >= 0 && r < n && c >= 0 && c < n && bd[r,c] == 0) {
        bd[r,c] = cnt;                              // マスに移動数を代入
```

```
      if (cnt == n*n)
        return new Cons(Cons.Of(r,c), route);  // 最終位置到達
      foreach (var p in pat) {
        Cons rt = Knight(r+p.GetI(0), c+p.GetI(1), cnt+1,
                    new Cons(Cons.Of(r,c), route));  //次の移動を試す
        if (rt != Cons.Nil) return rt;   // ルート探索成功, 結果を返す
      }
      bd[r,c] = 0;                       // 失敗したのでマスを空に戻す
    }
    return Cons.Nil;                     // 失敗したのでNilを返す
  }
  public void Start(int r, int c)  // r,cから開始してルートとチェス盤表示
  {
    Console.WriteLine(Knight(r, c, 1, Cons.Nil));  //巡回ルートを求める
    for (var i = 0; i < n; i++) {                  // チェス盤表示
      for (var j = 0; j < n; j++)
        Console.Write("{0,2:d} ", bd[i,j]);
      Console.Write("¥n");
    }
  }
 }
}
```

実行結果

```
((0, 4), (2, 3), (4, 4), (3, 2), (4, 0), (2, 1), (0, 2), (1, 4),
 (3, 3), (4, 1), (2, 0), (0, 1), (1, 3), (3, 4), (4, 2), (3, 0),
 (1, 1), (0, 3), (2, 2), (1, 0), (3, 1), (4, 3), (2, 4), (1, 2),
 (0, 0))
01 14 19 08 25
06 09 02 13 18
15 20 07 24 03
10 05 22 17 12
21 16 11 04 23
```

変数 bd はチェス盤の 2 次元配列であり, 移動順序を記録します。その構築に使用する Cons クラスの MakeIntArray2 メソッドは, 整数の 2 次元配列を作成するもので, 例えば 3×3 の配列を作成して 0 で初期化するには次のようにします。

MakeIntArray2 メソッド(Cons クラス)

```
bd = Cons.MakeIntArray2(3, 3, 0)    => { {0,0,0}, {0,0,0}, {0,0,0} }
```

変数 pat はナイトの移動可能パターンの配列であり，図 2-10 のように各要素は行と列の移動量を表す Cons 型データです。(1,-2)なら，現在位置から+1 行と-2 列の移動量です。Knight メソッドの引数 r，c は移動試行位置，cnt は何回目の移動かを表すカウンタで初期値は 1 です。route はそこまでの移動ルートを累積したリストデータです。Knight は探索結果のルートをリストにして返します。

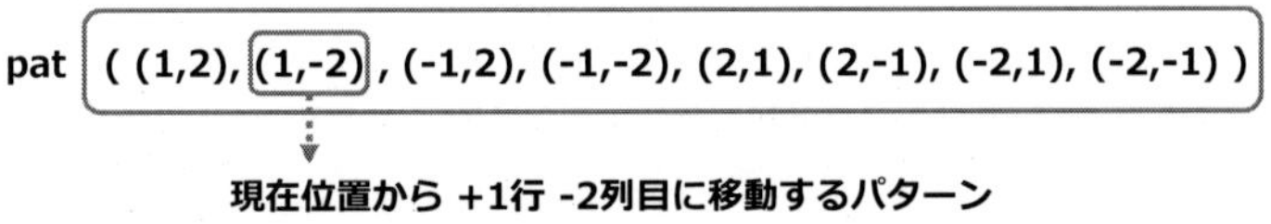

pat ((1,2), (1,-2) , (-1,2), (-1,-2), (2,1), (2,-1), (-2,1), (-2,-1))

現在位置から +1行 -2列目に移動するパターン

図 2-10　騎士の移動可能パターンデータ構造

図 2-11 は移動ルートの探索過程の中で，ある時点の状態を表したものです。変数 bd はチェス盤を表す 2 次元配列であり，0 で初期化されています。

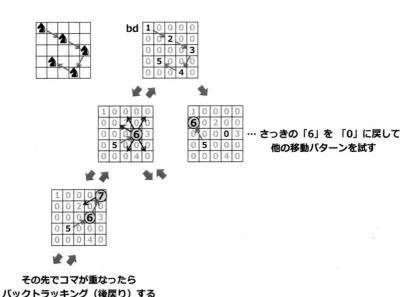

… さっきの「6」を「0」に戻して他の移動パターンを試す

その先でコマが重なったらバックトラッキング（後戻り）する

図 2-11　バックトラッキングによるルート探索

Knight メソッドは試行位置が空（0）ならばそこに値（cnt）を入れ，そこから移動可能位置を再帰的に探索していきます。そうして試行位置が空以外ならば失敗とみなし Nil（空リスト）を返します。失敗すると，試行位置に入れた値（cnt）は 0 に戻して，別の移動ルートの探索をバックトラッキングでやり直します。

図 2-12 は，4×4 のチェス盤におけるルートの探索の過程です。目標にたどり着くまで探索ツリーを下へ下へと探していき，失敗すると戻って別の枝のルートを試します。このように成功するまでツリーのレベルの深さを進めていく形態を深さ優先探索といいます。なお，騎士の巡回問題で，3×3 や 4×4 のチェス盤での解は存在せず，Knight メソッドは最終的に空リストを返します。

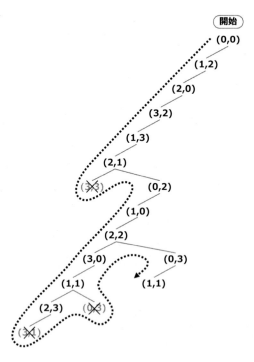

図 2-12　深さ優先探索

❏ 騎士の巡回問題プログラム・グラフィックスバージョン

リスト 2-4 と図 2-13 は，騎士の巡回問題プログラムの探索過程をアニメーション化したグラフィックスバージョンです．ルート探索が失敗すると元に戻って別ルートを探索する様子を見ることができます．

ソリューション：ex02, プロジェクト：KnightsTourGraphicsApp, Windows フォーム アプリケーション

リスト 2-4　Form1.cs　騎士の巡回問題プログラム（グラフィックスバージョン）

```csharp
using my.Cons;                  // 参照の追加→参照→Cons.dll
using System;
using System.Drawing;
using System.Threading;
using System.Threading.Tasks;
using System.Windows.Forms;

namespace KnightsTourGraphicsApp
{
  public partial class Form1 : Form
  {
    KnightsTour knight;

    public Form1()
    {
      InitializeComponent();
      Width = 400;
      Height = 400;
      DoubleBuffered = true;          // 再描画時のちらつき防止
    }

    private void Form1_Load(object sender, EventArgs e)
    {
      knight = new KnightsTour(5, this); // 騎士の巡回問題オブジェクト作成
      knight.Start();                    // 移動処理開始
    }

    private void Form1_Paint(object sender, PaintEventArgs e)
    {
      knight.DrawAll(e.Graphics);     // 再描画
    }
  }
}
```

```csharp
// 騎士の巡回問題クラス
class KnightsTour
{
  int n;                          // n: チェス盤サイズ
  int[,] bd;                      // n×nチェス盤, 2次元配列
  Cons[] pat;                     // ナイトの移動パターン生成

  int w, h;                       // 幅, 高さ
  double unitW, unitH;            // 1コマの幅, 高さ
  int knightX, knightY;           // 騎士の座標
  Point[] footprint;              // 足跡の座標配列
  Point[] drawFootprint;          // 足跡描画用の座標配列
  int footprintCount   = 0;       // 足跡数

  Form frm;
  Pen bdPeb = new Pen(Color.Black, 1);        // 描画ペン(罫線用)
  Pen footprintPen = new Pen(Color.Red, 1);   // 描画ペン(足跡用)
  Image img = Image.FromFile("..¥¥..¥¥knight.png"); // 騎士のイメージ

  public KnightsTour(int n, Form frm)
  {
    this.n = n;
    bd = Cons.MakeIntArray2(n, n, 0);
    pat = new Cons[] {
      Cons.Of(1,2), Cons.Of(1,-2), Cons.Of(-1,2), Cons.Of(-1,-2),
      Cons.Of(2,1), Cons.Of(2,-1), Cons.Of(-2,1), Cons.Of(-2,-1)};
    this.frm = frm;
    w = frm.ClientSize.Width - 20;
    h = frm.ClientSize.Height - 20;
    unitW = (double)w / n;
    unitH = (double)h / n;
    footprint = new Point[n*n];
  }

  public void Start()
  {
    Task.Run(() => {                    // 別のスレッドで動作させる
      Knight(0, 0, 1, Cons.Nil);        // r=0, c=0 の位置から実行開始
    });
  }

  public void DrawAll(Graphics g)       // 全体の描画
  {
```

2.2 騎士の巡回問題

```csharp
      for (var r = 0; r <= n; r++) {          // 罫線の描画ループ
        var y = (int)(10 + r * unitH);
        for (var c = 0; c <= n; c++) {
          var x = (int)(10 + c * unitW);
          g.DrawLine(bdPeb, 10, y, 10+w, y);
          g.DrawLine(bdPeb, x, 10, x, 10+h);
        }
      }
      if (drawFootprint != null && drawFootprint.Length >= 2) {
        g.DrawLines(footprintPen, drawFootprint);   // 足跡を描画
      }
      Rectangle rect =
        new Rectangle(knightX , knightY, (int)unitW, (int)unitH);
      g.DrawImage(img, rect);                 // 騎士のイメージを描画
    }

    void Disp(bool forward, int r, int c)  // r, c に移動させた状態を描画
    {
      Thread.Sleep(forward ? 200 : 50);      // 一定時間稼ぎ（戻りは速く）
      knightX = (int)(10 + c * unitW);
      knightY = (int)(10 + r * unitH);
      if (forward) {                         // 進んだ場合
        footprint[footprintCount].X = (int)(knightX + 0.5 * unitW);
        footprint[footprintCount].Y = (int)(knightY + 0.5 * unitH);
        footprintCount++;
      } else {                               // 戻った場合
        footprintCount--;
      }
      var p = new Point[footprintCount];
      for (var i = 0; i < footprintCount; i++) {
        p[i] = footprint[i];        // 描画用の座標配列にコピー
      }
      drawFootprint = p;
      frm.Invalidate();             // 再描画の要請
    }

    Cons Knight(int r, int c, int cnt, Cons route)  // r,cへの移動を試す
    {
      if (r >= 0 && r < n && c >= 0 && c < n && bd[r, c] == 0) {
        bd[r, c] = cnt;                      // マスに移動数を代入
        Disp(true, r, c);                    // 状態のグラフィックス表示
        if (cnt == n * n)
          return new Cons(Cons.Of(r, c), route);  // 最終位置到達
        foreach (var p in pat)
```

```
        {
          Cons rt = Knight(r + p.GetI(0), c + p.GetI(1), cnt + 1,
                   new Cons(Cons.Of(r, c), route));//次の移動を試す
          if (rt != Cons.Nil) return rt;              // ルート探索成功
        }
        bd[r, c] = 0;                          // 失敗したのでマスを空に戻す
        Cons prev = (Cons)route.Head;          // 直前の位置
        Disp(false, (int)prev.First, (int)prev.Second); // 表示
      }
      return Cons.Nil;                         // 失敗したのでNilを返す
    }
  }
}
```

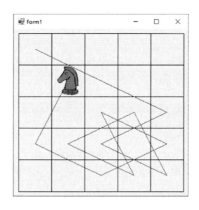

図 2-13　騎士の巡回問題プログラム（グラフィックスバージョン）の実行結果

　Kight メソッドでは，移動状態が変化するたびに Disp メソッドを呼び出して描画用の処理を行います。Disp では，騎士の座標を変数 knightX, knightY に求め，移動ルートの座標を配列変数 footprint に記録していきます。描画処理本体である DrawAll メソッドでは，移動ルートを .NET の DrawLines で高速描画するために，footprint のうち現在位置までの長さで配列 drawFootprint を作り，そこに移動ルートをコピーしておき描画に使っています。騎士のイメージはプロジェクトフォルダに用意しておいた画像 knight.png を用い，.NET の DrawImage メソッドで 1 マス分の矩形に合わせて画像描画しています。

第 3 章　論理パズル

3.1　宣教師とモンスター

❏ ルールと目標状態

　宣教師とモンスター問題はで，図 3-1 のように宣教師 3 人とモンスター 3 人が川の対岸に渡るのが目的です。使えるボートは定員 2 名までです。ただし，いずれかの岸において，モンスターの数が宣教師の数を上回ると宣教師が襲われてしまいます。この状況を回避し，無事に渡る手順を求めるのがこの問題です。

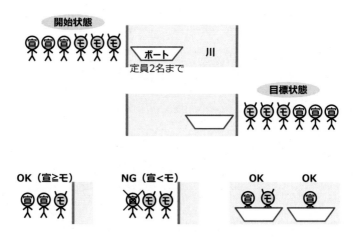

図 3-1　宣教師とモンスター問題

　ボートに乗れるのは宣教師やモンスターに関わりなく 1 名か 2 名です。ボートで移動している最中にそれぞれの岸において，宣教師数≧モンスター数なら安全ですが宣教師数＜モンスター数の状況になると，モンスターの習性により宣教師を襲います。宣教師もモンスターも対岸へ渡りたいという目的は一致しています

が，手順を誤ると惨事となってしまうのです。図 3-2 はこの問題の解決手順です。

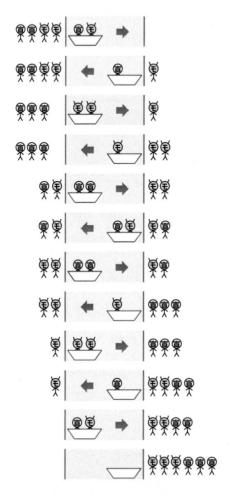

図 3-2　宣教師とモンスター問題の解決手順

　各過程においてボート移動中およびボートが岸に着いて上陸した状態で，各岸では，宣教師数≧モンスター数の状況になっており安全な手順です。このような複雑な手順をプログラミングでシンプルに解決するには再帰処理を活用します。各再帰処理の過程で安全状態かを調べることで失敗を判定し，失敗の場合はバックトラッキングで後戻りします。そうして目標状態にたどり着く解を求めます。

❏ 川渡問題プログラム

　宣教師とモンスター問題をプログラミングする前に，そのベースとなる「川渡り問題」のクラスを作成し，オブジェクト指向によって以後の開発を効率化します。リスト 3-1 は川渡り問題のプログラムです。再帰関数 Solve メソッドが問題解決のエンジン部分となります。

ソリューション：ex03，プロジェクト：RiverClossingSolverApp，コンソール アプリ
リスト 3-1　Program.cs　川渡り問題プログラム

```
using my.Cons;              // 参照の追加→参照→Cons.dll
using System;

namespace RiverClossingSolverApp
{
  class Program
  {
    static void Main(string[] args)
    {
      new RiverClossingSolver().Start();   // 川渡り問題オブジェクト生成
      Console.ReadKey();                   // 何かキーを押すまで停止
    }
  }

  // 川渡り問題クラス
  public class RiverClossingSolver
  {
    public Cons opAll = Cons.Nil;          // 可能な乗船パターン
    public Cons st;                        // 両岸の状態

    public void Start()
    {
      // 可能な乗船パターン
      opAll = Cons.Of(Cons.Of("A", "B"), Cons.Of("B", "C"),
                     Cons.Of("C", "A"), Cons.Of("A"), Cons.Of("B"),
                     Cons.Of("C"))
              .Map((Cons x) => x.Sorted());
      // 岸の初期状態
      st = Cons.Of(Cons.Of("A", "B", "C").Sorted(), Cons.Nil);
      // 移動記録初期状態
      var history =
          Cons.Of(new Cons(Cons.Nil, new Cons(Cons.Of('←'), st)));
```

```
    // 問題解決
    var solution = Solve(st, opAll, -1, history);
    Console.WriteLine("移動者\t\t移動方向\t結果状態(左岸)\t結果状態(右岸)");
    // 移動記録表示
    solution.Reverse().Foreach((Cons x) => Console.WriteLine(
        x.Map((Cons y) => y.MkString("")).MkString("\t\t")));
}

protected virtual bool Safe(Cons st)   // この移動結果は安全な状態か？
{
    // 安全ルール：Cを単独で残してはいけない
    return !(st.First.Equals(Cons.Of("C")) ||
             st.Second.Equals(Cons.Of("C")));
}

protected bool Goal(Cons st)      // この移動結果はゴールか？
{
    return st.Head == Cons.Nil;           // 左岸が空か
}

protected Cons Move(Cons from, Cons to, Cons op)
{
    var from1 = from.Diff(op);              // 乗船者を取り除いた残り
    if (from1.Length() == from.Length() - op.Length())
        return Cons.Of(from1, op.Append(to));
    else return Cons.Nil;
}

// 移動手順を探し，成功したらその記録を返す
protected Cons Solve(Cons st, Cons ops, int boat, Cons history)
{
    if (ops == Cons.Nil) return Cons.Nil; // もう試すパターンが無く失敗
    var op = (Cons)ops.Head;
    var opTail = ops.Tail;

    // 移動状況の作成（dir:方向, stNew:新たな状態）
    Cons dir, stNew;
    if (boat == -1) {
        dir = Cons.Of('→');
        stNew = Move(st.GetC(0), st.GetC(1), op)
                .Map((Cons x) => x.Sorted());
    } else {
        dir = Cons.Of('←');
```

```
            stNew = Move(st.GetC(1), st.GetC(0), op).Reverse()
                    .Map((Cons x) => x.Sorted());
        }

        // 移動対象不足でMove失敗
        if (stNew == Cons.Nil) {
          return Solve(st, opTail, boat, history);     // 残りの操作を試す
        // ゴールなら成功
        } else if (Goal(stNew)) {
          return new Cons(new Cons(op, dir, stNew), history);
        // 移動禁止状態か，過去状態に戻ると失敗
        } else if (!Safe(stNew) || history.Exists((Cons x) =>
                            x.Tail.Equals(new Cons(dir, stNew)))) {
          return Solve(st, opTail, boat, history); // 残りの操作を試す
        // 移動成功
        } else {
          // 新たな状態から進める
          var ret = Solve(stNew, opAll, -boat,
                    new Cons(new Cons(op, dir, stNew), history));
          if (ret != Cons.Nil)    // 新たな状態から成功なら
            return ret;                                  // それを返す
          else                    // 失敗なら
            return Solve(st, opTail, boat, history); // 残りの操作を試す
        }
      }
    }
  }
```

実行結果

移動者	移動方向	結果状態(左岸)	結果状態(右岸)
	←	ABC	
BC	→	A	BC
C	←	AC	B
AC	→		ABC

　本プログラムでは，動作テストとして移動者 ABC のうち C が岸に単独で残らないことを条件にしました。実行結果では条件が守られた状態で ABC 全員が左岸から右岸に渡る手順が 1 行ずつ表示されています。最初の手順は BC がボートに乗って右岸へ渡り，次に C がボートに乗って左岸に渡ります。最後は AC が右岸に渡って完了です。プログラムの各メソッド内容は以降のプログラムで説明します。

❏ 宣教師とモンスター問題プログラム

リスト 3-2 は宣教師とモンスター問題のプログラムです。先ほどの RiverClossingSolverApp プロジェクトを参照してクラスを再利用します。

ソリューション：ex03, プロジェクト：MissionariesAndCannibalsApp, コンソール アプリ

リスト 3-2　Program.cs　宣教師とモンスター問題プログラム

```
using my.Cons;                    // 参照の追加→参照→Cons.dll
using RiverClossingSolverApp;     // 〃 →プロジェクト→RiverClossingSolverApp
using System;

namespace MissionariesAndCannibalsApp
{
  class Program
  {
    static void Main(string[] args)
    {
      new MissionariesAndCannibals().Start();   // オブジェクト生成・開始
      Console.ReadKey();                        // 何かキーを押すまで停止
    }
  }

  // 宣教師とモンスターの川渡り問題クラス
  public class MissionariesAndCannibals : RiverClossingSolver
  {                                             // 川渡り問題のクラスを継承
    protected override bool Safe(Cons st) //この移動結果は安全な状態か？
    {
      // 両岸において宣教師がゼロか，宣教師≧モンスターなら安全
      return st.Forall((Cons x) =>
          x.Count("宣") == 0 || x.Count("宣") >= x.Count("モ"));
    }

    public new void Start()
    {
      // 可能な乗船パターン
      opAll = Cons.Of(Cons.Of("宣","宣"), Cons.Of("宣","モ"),
                      Cons.Of("モ","モ"), Cons.Of("宣"), Cons.Of("モ"))
              .Map((Cons x) => x.Sorted());
      // 岸の初期状態
      st = Cons.Of(Cons.Of("宣","宣","宣","モ","モ","モ")
              .Sorted(),Cons.Nil);
```

```
            // 移動記録初期状態
            Cons history = Cons.Of(new Cons(Cons.Nil,
                                    new Cons(Cons.Of('←'), st)));
            // 問題解決
            Cons solution = Solve(st, opAll, -1, history);
            // 移動記録表示
            Console.WriteLine("移動者\t\t移動方向\t結果状態(左岸)\t結果状態(右岸)");
            solution.Reverse().Foreach((Cons x) => Console.WriteLine(
                    x.Map((Cons y) => y.MkString("")).MkString("\t\t")));
        }
    }
}
```

実行結果

移動者	移動方向	結果状態（左岸）	結果状態（右岸）
	←	モモモ宣宣宣	
モ宣	→	モモ宣宣	モ宣
宣	←	モモ宣宣宣	モ
モモ	→	宣宣宣	モモモ
モ	←	モ宣宣宣	モモ
宣宣	→	モ宣	モモ宣宣
モ宣	←	モモ宣宣	モ宣
宣宣	→	モモ	モ宣宣宣
モ	←	モモモ	宣宣宣
モモ	→	モ	モモ宣宣宣
宣	←	モ宣	モモ宣宣
モ宣	→		モモモ宣宣宣

　本プログラムは，前の川渡り問題プログラムをプロジェクトとして参照しており，`MissionariesAndCannibals`クラスは，川渡り問題の`RiverClossingSolver`クラスから派生させています。

　表 3-1 に両クラスの継承関係をまとめました。これによると宣教師とモンスター問題では，`Start`と`Safe`の 2 つのメソッドだけ実装するだけのシンプルなプログラムになっています。いわば川渡り問題が一般化したプログラムであり，宣教師とモンスター問題は一部をカスタマイズした文字通り「派生」バージョンとなります。

表 3-1　クラスの継承関係

クラス	宣教師とモンスター問題 MissionariesAndCannibals	川渡り問題 RiverClossingSolver
フィールド	継承	opAll, st
初期化メソッド	new Start（再定義）	Start
安全状態判定メソッド	override Safe（上書き）	virtual Safe
目標状態判定メソッド	継承	Goal
ボート移動メソッド	継承	Move
問題解決メソッド	継承	Solve

　なお，Java などと異なり C#のメソッド宣言はやや面倒で，再定義した Start のように宣言が重複するときは new キーワードを付けます。またメソッドをオーバーライドするときは基底クラスで virtual を，派生クラスで override キーワードを付けます。オーバーライドが他と違うのは，例えば基底クラスで Safe を呼び出すと派生クラスの Safe が呼ばれることです。

　まず Start メソッド内で初期化される変数について見てみましょう。変数 opAll は図 3-3 のようなすべての乗船パターンのリストです。

図 3-3　乗船パターンのリストデータ

　opAll の要素は，比較処理をしやすくするために，Cons クラスの Sorted メソッドでリスト内部をソートしておきます。Sorted はリストをソートしますが，次のように Map と組み合わせることで，リスト内のさらにリストをソートすることができます。

3.1 宣教師とモンスター

```
Sorted メソッド（Cons クラス）
(4, 2, 3, 5, 1).Sorted()   => (1, 2, 3, 4, 5)    … リストをソート
((宣, 宣),(宣, モ),(モ, モ),(宣),(モ)).Map((Cons x) => x.Sorted())
    =>((宣, 宣),(モ, 宣),(モ, モ),(宣),(モ))     … リスト要素内をソート
```

変数 st は，左右の岸の状態を図 3-4 のようなリストで表します。両岸内も Sorted でソートします。st はボートの移動によって変化していきます。

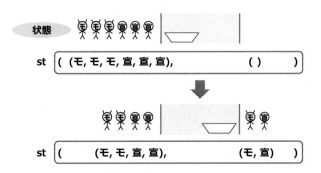

図 3-4 状態のリストデータ

変数 history は移動記録です。図 3-5 のように移動者，移動方向，左岸状態，右岸状態のリストを 1 回分の移動記録として，Solve メソッドで移動が成功するたびに，リストの先頭に新たな移動記録を追加していきます。初期状態ではボートと全員は左岸に位置しています。

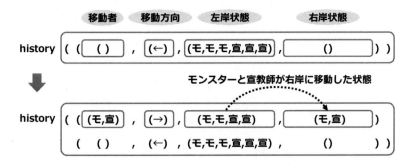

図 3-5 移動記録のデータ構造

基底クラスの Move メソッドは，図 3-6 のように移動元（from），移動先（to）の状態，および 1 つの乗船パターン（op）を与えると，移動結果として (移動元, 移動先) というリストで返します。

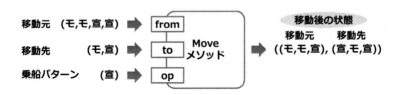

図 3-6 移動処理

Move 内では，移動元から乗船者を取り除いたリストを作るために Cons クラスの Diff メソッドを使用します。Diff メソッドはリストの差集合を返します。また，Length メソッドはリストの要素数を返します。

```
Diff, Length メソッド（Cons クラス）
from                             => (モ, 宣, 宣, 宣) … 移動元
op                               => (宣, 宣)       … 乗船者
from1 = from.Diff(op)            => (モ, 宣)       … 移動後の移動元状態

from.Length() - op.Length()      => 2 … 乗船者全員が移動した際の残り
from1.Length()                   => 2 … 結果が等しいので移動できたとみなす
```

乗船者全員が移動した際の残りの要素数と，移動後の移動元要素数を比較し，一致すれば，その移動は可能であったと判断します。要素数が異なれば，移動はできていないと判断し，もとの移動元，移動先の状態を返します。

```
from                             => (モ, 宣, 宣, 宣) … 移動元
op                               => (モ, モ)       … 乗船者
from1 = from.Diff(op)            => (宣, 宣, 宣)   … 移動後の移動元状態

from.Length() - op.Length()      => 2
from1.Length()                   => 3 … 長さが異なるので移動できていない
```

3.1 宣教師とモンスター

移動できた場合は，Cons クラスの Append メソッドを使って次のように移動後の状態を生成します。Append は 2 つのリストを結合したリストを返します。

```
from                            => (モ, 宣, 宣, 宣) … 移動元
to                              => (モ, モ)        … 移動先
op                              => (宣, 宣)        … 乗船者
from1 = from.Diff(op)           => (モ, 宣)    … 移動後の移動元状態
Cons.Of(from1, op.Append(to))   => ((モ, 宣), (宣, 宣, モ, モ))
                                               … (移動元，移動先)の新たな状態
```

基底クラスの Goal メソッドは，目標状態になったかを判定します。この処理は簡単で，次のように左岸が空リストであるか調べるだけです。

```
protected bool Goal(Cons st)            // この移動結果はゴールか？
{
    return st.Head == Cons.Nil;         // 左岸が空か
}
```

また，オーバーライドした Safe メソッドは，次の処理によって，安全な状態であるかを判定します。Safe は図 3-7 のように，両岸の状態に対してラムダ式を使った判定を行います。

```
protected override bool Safe(Cons st) //この移動結果は安全な状態か？
{
    // 両岸において宣教師がゼロか, 宣教師≧モンスターなら安全
    return st.Forall((Cons x) => x.Count("宣") == 0 ||
                    x.Count("宣") >= x.Count("モ"));
}
```

Cons クラスの Forall メソッドは，両岸の状態である変数 st のすべての要素に対し，ラムダ式が真になるかを調べます。すべての要素とは，すなわち左岸リストと右岸リストのことです。各リストに対し，宣教師数＝0 または宣教師数≧モンスター数が真であるかを調べればよいことになります。Cons クラスの Count メソッドは，次のようにリスト要素をカウントします。

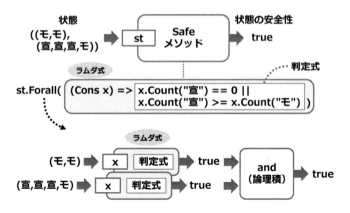

図 3-7　宣教師とモンスター問題の Safe メソッド

```
Count メソッド(Cons クラス)
x              => (モ, モ, 宣, 宣)
x.Count("宣")  => 2
```

　基底クラスの Solve メソッドは，移動手順の解を求める再帰関数です．まず乗船パターンである引数 ops の先頭を op へ，残りを opTail に格納します．例えば ops が次のような状態なら op と opTail にはこのように格納されます．

```
ops     => ((宣, 宣),(モ, 宣),(モ, モ),(宣),(モ))
 ↓
op      => (宣, 宣)
opTail  => ((モ, 宣),(モ, モ),(宣),(モ))
```

　また，Move に渡す引数 from, to へは，両岸の状態である変数 st から Cons クラスの GetC メソッドで 0 番目と 1 番目の要素を参照して渡します．GetC はリスト要素を Cons 型で返すので，そのまま Move の引数に渡せます．

```
GetC メソッド(Cons クラス)
st            => ((モ, 宣, 宣, 宣), (モ, モ))    … 両岸の状態
st.GetC(0)    => (モ, 宣, 宣, 宣)                … 左岸
st.GetC(1)    => (モ, モ)                        … 右岸
```

そうして Solve では Move メソッドを使って右岸，あるいは左岸への移動を試みて，移動結果を stNew に格納します。

```
if (boat == -1) {              // 右岸へ移動の場合
  dir = Cons.Of('→');
  stNew =（Moveメソッドで右岸への移動を試みる）;
} else {                       // 左岸へ移動の場合
  dir = Cons.Of('←');
  stNew =（Moveメソッドで左岸への移動を試みる）;
}
```

Solve において，移動を試みた後は stNew を用いて次の状態判定を行い，図 3-8 のように再帰処理を進めます。

①目標状態になったか？
②変化なし（その乗船パターンに適用できる人数がいなかった）
③宣教師が襲われる状態
④過去の状態と同じ状態（もとに戻ってしまい手順がループして終わらない）

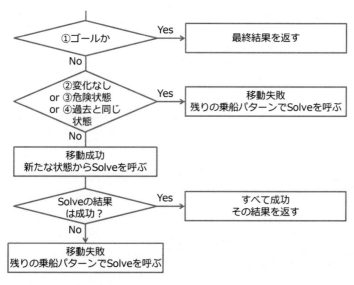

図 3-8　Solve メソッド内の移動判定フロー

①の判定には Goal メソッドを使って目標状態であるか判定します。②の判定には，Cons クラスの Equals メソッドを使って stNew と st のリストが同じ内容か再帰的に比較します。

```
Equals メソッド(Cons クラス)
a            => ((モ,宣), (モ,モ,宣,宣))
b            => ((モ,宣), (モ,モ,宣,宣))
a.Equals(b)  => true
```

③の判定には Safe メソッドを使い，宣教師とモンスターの数が安全な状態かを判定します。④の判定には，これまでの移動状態に同じ状態があるかを調べます。同じ状態があったなら，移動可能であっても，同じ移動手順を何度もループしてしまう可能性があります。そこで，移動記録 history に同じ移動状況があるかどうか Cons クラスの Exists メソッドで調べます。Exists は一つでもラムダ式の結果が true になれば true を返します。

```
Exists メソッド(Cons クラス)
a                               => (1, 2, 3)
a.Exists((int x) => x % 2 == 0) => true    … 1つでも true ならば
```

```
history.Exists((Cons x) => x.Tail.Equals(new Cons(dir, stNew)))
        … x の先頭要素は移動者情報なので，そのあとの x.Tail を比較する

このとき次の場合では，過去に同じ移動状況があったことになる
x.Tail               => ((→), (モ,宣), (モ,モ,宣,宣)) … 過去の記録
new Cons(dir, stNew) => ((→), (モ,宣), (モ,モ,宣,宣)) … 今回の状況
```

②③④の判定によって，移動が成功すると，新たな状態 stNew を起点にさらに Solve の再帰呼び出しを行います。再帰呼び出しの結果が成功であれば，目標状態に到達したことを意味します。また，失敗であれば，stNew への移動は成功したものの，何回か先で失敗したことを意味するので，バックトラッキングによって，stNew の移動状態を破棄し，残りの乗船パターンに委ねます。

3.2 農民と狼とヤギとキャベツ

❏ ルールと目標状態

図 3-9 は農民と狼とヤギとキャベツ問題です。これも対岸へ渡るのが目標です。

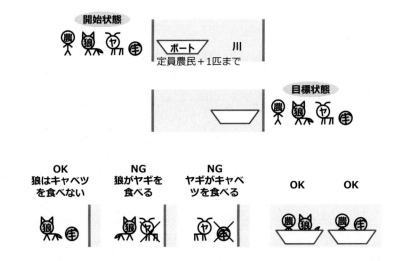

図 3-9 農民と狼とヤギとキャベツ問題

　ボートには最低でも農民が乗り，さらにもう一つ何かを乗せて渡ることができます。ただし農民がそばにいないと狼はヤギを襲い，ヤギはキャベツを食べる習性があります。それらの禁止状態を避けて無事に川を渡る手順を求める問題です。
　図 3-10 はこの問題の解決手順です。各過程においてボート移動中の岸の状態では，農民がそばにいない状態での狼とヤギの組み合わせ，またヤギとキャベツの組み合わせが発生しない状況になっています。
　今回の問題解決も宣教師とモンスター問題と同様の手法で解決ができ，再び川渡り問題のプログラムを再利用します。

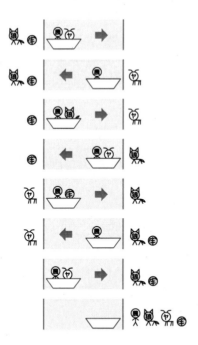

図 3-10　農民と狼とヤギとキャベツ問題の解決手順

　農民と狼とヤギとキャベツ問題も，宣教師とモンスター問題と同じようなプログラムになるはずなので，まず各問題解決の設定を表 3-2 にまとめました。なお，宣教師，モンスターを宣，モと省略し，農民，狼，ヤギ，キャベツを農，狼，ヤ，キと省略しています。

表 3-2　2 つの問題解決の設定

	宣教師とモンスター問題	農民と狼とヤギとキャベツ問題
目標状態	同じ	同じ
非安全状態	宣の数 ＜ モの数	農なし and 狼・ヤあり or 農なし and ヤ・キあり
状態の初期値	宣×3，モ×3	農，狼，ヤ，キ
可能な乗船パターン	宣宣，モモ，宣モ，宣，モ	農，農狼，農ヤ，農キ

❏ 農民と狼とヤギとキャベツ問題プログラム

　リスト3-3は農民と狼とヤギとキャベツ問題プログラムです。このプログラムでは，川渡り問題の`RiverClossingSolver`クラスを継承する`WolfGoatCabbage`クラスを作成します。

ソリューション：ex03，プロジェクト：MissionariesAndCannibalsApp，コンソール アプリ
リスト3-3　Program.cs　農民と狼とヤギとキャベツ問題プログラム

```
using my.Cons;                    // 参照の追加→参照→Cons.dll
using RiverClossingSolverApp;     // 〃 →プロジェクト→RiverClossingSolverApp
using System;

namespace WolfGoatCabbageApp
{
  class Program
  {
    static void Main(string[] args)
    {
      new WolfGoatCabbage().Start();   // オブジェクト生成・開始
      Console.ReadKey();               // 何かキーを押すまで停止
    }
  }

  // 農民と狼とヤギとキャベツの川渡り問題クラス
  class WolfGoatCabbage : RiverClossingSolver   // 川渡り問題のクラスを継承
  {
    protected override bool Safe(Cons st) //この移動結果は安全な状態か？
    {
      return !st.Exists((Cons x) =>
                        !x.Contains("農") && x.Contains("ヤ") &&
                        (x.Contains("狼") || x.Contains("キ")));
    }

    public new void Start()
    {
      // 可能な乗船パターン
      opAll = Cons.Of(Cons.Of("農", "狼"), Cons.Of("農", "ヤ"),
                     Cons.Of("農", "キ"), Cons.Of("農"))
              .Map((Cons x) => x.Sorted());
      // 初期状態
      st = Cons.Of(Cons.Of("農","狼","ヤ","キ").Sorted(), Cons.Nil);
```

```
        // 移動記録の初期状態
        Cons history = Cons.Of(new Cons(Cons.Nil, Cons.Of("←"), st));
        // 問題解決
        Cons solution = Solve(st, opAll, -1, history);
        // 結果表示
        Console.WriteLine("移動者¥t¥t移動方向¥t結果状態(左岸)¥t結果状態(右岸)");
        solution.Reverse().Foreach((Cons x) => Console.WriteLine(
            x.Map((Cons y) => y.MkString("")).MkString("¥t¥t")));
    }
  }
}
```

実行結果

移動者	移動方向	結果状態（左岸）	結果状態（右岸）
	←	キヤ狼農	
ヤ農	→	キ狼	ヤ農
農	←	キ狼農	ヤ
狼農	→	キ	ヤ狼農
ヤ農	←	キヤ農	狼
キ農	→	ヤ	キ狼農
農	←	ヤ農	キ狼
ヤ農	→		キヤ狼農

今回の乗船パターンである変数 opAll は図 3-11 のようになります。

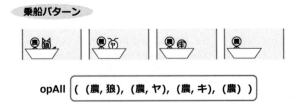

図 3-11　乗船パターンのリストデータ

また、Safe メソッドは、次のような処理によって安全な状態であるかを判定します。これは危険状態である「農夫がいない状態で、ヤギと狼、あるいはヤギとキ

ャベツの存在」を調べ，この判定を Cons クラスの Exists メソッドで両岸に対して行います。最終的に，結果を否定することで安全状態を判定しています。

```
protected override bool Safe(Cons st) //この移動結果は安全な状態か？
{
  return !st.Exists((Cons x) =>
    !x.Contains("農") && x.Contains("ヤ") &&
    (x.Contains("狼") || x.Contains("キ")));
}
```

Cons クラスの Contains メソッドは，次のようにリストに要素が含まれるかを判定します。

```
Contains メソッド（Cons クラス）
x                 => (キ，狼，農)
x.Contains("狼")  => true
x.Contains("ヤ")  => false
```

❑ オブジェクト指向とプログラミングスタイル

図 3-12 は川渡り問題とのクラスにおけるメソッド構成の比較です。

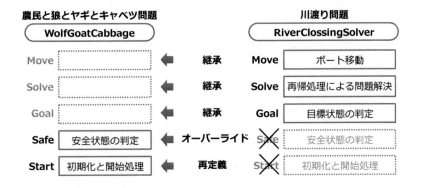

図 3-12　オブジェクト指向による機能継承と再定義

派生クラス WolfGoatCabbage と基底クラス RiverClossingSolver において，安全状態であるか判定する Safe メソッド，乗船パターンや初期状態の設定などを行う Start メソッドは，内容が異なるので再定義あるいはオーバーライドしています。それ以外の変数とメソッドは既定クラスから継承しています。

図 3-13 は，これまでの 3 つのクラスの親子関係を表したものです。プログラムを追加・変更してバージョンアップしていく開発において，オブジェクト指向開発では，追加・変更はもとのプログラムを基底クラス（スーパークラス）として中身を変えず，派生クラス（サブクラス）を追加する形で追加・変更に対応します。これによって再開発時のテスト・デバッグ箇所が主に派生クラスだけで済むので開発効率が上がります。また今回のように，「宣教師…」，「農民…」の 2 つのプログラムに対し，あらかじめ共通部分を「川渡り問題」として一般化（汎用化）したクラス設計によって，全体の開発効率を上げるようなケースもあります。

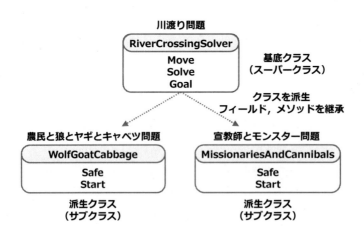

図 3-13　汎用機能をスーパークラスとした問題解決のオブジェクト指向設計

オブジェクト指向プログラミングは，経験を要する複雑な開発スタイルのように感じられますが，多くの場合，その目的は「プログラムを簡潔に作りたい」「大きく複雑にしたくない」「2 度手間をなんとかしたい」というようなプログラマの素朴な願望を実現することではないでしょうか。オブジェクト指向ではクラスと

いう文法ルールを設けており，これらの願望の実現を支援してくれます。こうした観点でオブジェクト指向の各機能・性質について次のように例えてみます。

- 大きなプログラムを，様々な役割で小さく部品化したい。　　… クラス
- 使いやすく安全な部品は，中身が露出せず極力覆われている。　… 隠蔽
- 既存部品（親）を再利用して，新たな部品（子）を楽に作る。　… 派生
- 親の機能をそのまま子でも使いたいときは特に何もしなくていい。　… 継承
- 既存部品の機能を変更したいが，親はいじらずに子に新機能を実装した。その機能は親の中で呼ばれているため，親の中から子の新機能を呼ぶ仕組みが必要
　　　　　　　　　　　　　　　　　　　　　　　… オーバーライド

これらは多くの開発者がやりたい具体的な事柄ではないでしょうか。ですので，オブジェクト指向という難しいスタイルに合わせて作るという義務感を背負うよりも，やりたいことができるよう文法がサポートしてくれるので，それらの機能を有効利用できるように経験を積む，という意識を持ってもいいかもしれません。

関数型プログラミングもまた難しい開発スタイルなのでしょう。実はこれも「プログラムを簡潔に作りたい」「プログラムを柔軟に記述したい」「バグが潜む危険をなくしたい」というプログラマを幸せにすることを実現する手段であると言えます。本書では Cons クラスやラムダ式を用いていますが，それらは関数型スタイルによるプログラミング手法の一例です。現実には関数型スタイルは修得が難しく技術者も少ないと思われます。しかし，一般ユーザから開発者まで幅広く人気と実績のある JavaScript も関数型言語に分類できます。C#や Java は純粋な関数型ではありませんので，どちらかというと部分的，あるいは課題に応じて関数型スタイルを用いることがあると思われます。どのようにプログラムを記述すれば関数型の恩恵が得られるのか，わかりづらいかもしれませんが，初めは関数型スタイルで書いた方がプログラムは短くなる場合がある，ということに着目してスタイルの使い分けをしてはどうでしょうか。

❏ 農民と狼とヤギとキャベツ問題・グラフィックスバージョン

農民と狼とヤギとキャベツ問題プログラムのグラフィックスバージョンを作っ

てみました。これはボートで移動する様子がアニメーション表示されるものです。
図 3-14 とリスト 3-4 はその実行結果とソースです。使用する画像として，川，ボートに river.png, boat.png を，農民，狼，ヤギ，キャベツに farmer.png, wolf.png, goat.png, cabbage.png を用意します。またアニメーション動作を伴うため，スレッドを作成しています。

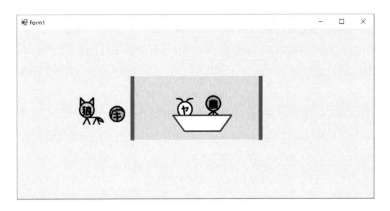

図 3-14 農民と狼とヤギとキャベツ問題（グラフィックスバージョン）の実行結果

ソリューション：ex03, プロジェクト：WolfGoatCabbageGraphicsApp, Windows フォーム アプリケーション

リスト 3-4　Form1.cs　農民と狼とヤギとキャベツ問題（グラフィックスバージョン）

```
using my.Cons;              // 参照の追加→参照→Cons.dll
using RiverClossingSolverApp;//  〃  →プロジェクト→RiverClossingSolverApp
using System;
using System.Collections.Generic;
using System.Drawing;
using System.Threading;
using System.Threading.Tasks;
using System.Windows.Forms;

namespace WolfGoatCabbageGraphicsApp
{
    public partial class Form1 : Form
    {
        WolfGoatCabbage wgc;
```

3.2 農民と狼とヤギとキャベツ　89

```csharp
    public Form1()
    {
      InitializeComponent();
      Width = 800;
      Height = 400;
      DoubleBuffered = true;              // 再描画時のちらつき防止
    }

    private void Form1_Load(object sender, EventArgs e)
    {
      wgc = new WolfGoatCabbage(this);    // オブジェクトの作成
      wgc.Start();                        // 探索開始
    }

    private void Form1_Paint(object sender, PaintEventArgs e)
    {
      wgc.Draw(e.Graphics);               // 再描画
    }
  }

  // 農民と狼とヤギとキャベツの川渡り問題クラス
  public class WolfGoatCabbage : RiverClossingSolver    // 川渡りを継承
  {
    class Data           // グラフィックス要素用のデータ構造
    {
      public Image img;     // 画像
      public Point pt;      // 座標

      public Data(string fname, int x, int y)
      {
        img = Image.FromFile("..¥¥..¥¥" + fname);
        pt = new Point(x, y);
      }
    };

    Form frm;
    Data river;          // 川
    Data boat;           // ボート
    Dictionary<string, Data> dic = new Dictionary<string, Data>();
                                  // キャラクタ用の連想配列

    // 川の左位置, 右位置, ボート幅, 移動幅, キャラクタ幅
    int leftOrgX=250, rightOrgX=520, boatW=110, moveW=150, charW=60;
```

第 3 章 論理パズル

```csharp
public WolfGoatCabbage(Form frm)
{
  this.frm = frm;
  river = new Data("river.png", leftOrgX, 100);
  boat = new Data("boat.png", leftOrgX, 110);
  dic.Add("農", new Data("farmer.png", 0, 140));
  dic.Add("狼", new Data("wolf.png", 0, 140));
  dic.Add("ヤ", new Data("goat.png", 0, 140));
  dic.Add("キ", new Data("cabbage.png", 0, 140));
}

public new void Start()
{
  // 可能な乗船パターン
  opAll = Cons.Of(Cons.Of("農", "狼"), Cons.Of("農", "ヤ"),
                  Cons.Of("農", "キ"), Cons.Of("農"))
            .Map((Cons x) => x.Sorted());
  // 初期状態
  st = Cons.Of(Cons.Of("農","狼","ヤ","キ").Sorted(), Cons.Nil);
  // 移動記録の初期状態
  Cons history = Cons.Of(new Cons(Cons.Nil, Cons.Of("←"), st));

  // 別のスレッドで動作させる
  Task.Run(() => {
    Animate(Cons.Nil, 0, st);    // 初期状態表示
    Thread.Sleep(1000);          // 待ち時間

    // 問題解決
    var solution = Solve(st, opAll, -1, history);

    // 解のアニメーション表示
    solution.Reverse().Tail.Foreach((Cons x) => {
      var dir = x.Tail.GetC(0).Equals(Cons.Of('→')) ? -1 : 1;
      Animate(x.GetC(0), dir, x.Tail.Tail);  // アニメーション表示
    });
    Animate(Cons.Nil,0,solution.GetC(0).Tail.Tail);//終了状態表示
  });
}

protected override bool Safe(Cons st) //この移動結果は安全な状態か？
{
  return !st.Exists((Cons x) =>
```

3.2 農民と狼とヤギとキャベツ

```
                    !x.Contains("農") && x.Contains("ヤ") &&
                    (x.Contains("狼") || x.Contains("キ")));
}

public void Draw(Graphics g)        // 全体の描画
{
  g.DrawImage(river.img, river.pt);
  foreach (var d in dic.Values) {
    g.DrawImage(d.img, d.pt);
  }
  g.DrawImage(boat.img, boat.pt);
}

void Animate(Cons op, int boatDir, Cons bank)    // アニメーション描画
{
  var leftBank = bank.GetC(0);      // 左岸状態
  var rightBank = bank.GetC(1);     // 右岸状態

  // 位置の決定
  if (boatDir == -1) {              // 右方向へアニメーション
    rightBank = rightBank.Diff(op);
    boat.pt.X = leftOrgX;
  } else if (boatDir == 1) {        // 左方向へアニメーション
    leftBank = leftBank.Diff(op);
    boat.pt.X = rightOrgX - boatW;
  }
  var posX = leftOrgX - charW;
  leftBank.Foreach((string x) =>
                     { dic[x].pt.X = posX; posX -= charW;});
  posX = rightOrgX + charW / 3;
  rightBank.Foreach((string x) =>
                     { dic[x].pt.X = posX; posX += charW;});
  posX = boat.pt.X;
  op.Foreach((string x) =>
                     { dic[x].pt.X = posX; posX += charW;});

  frm.Invalidate();                 // 再描画の要請
  if (boatDir != 0) {               // アニメーション動作ならば
    var interval = 10;
    var delta = 2;
    var dx = -boatDir * delta;
    for (var i = 0; i < moveW; i += delta) { // アニメーションループ
      boat.pt.X += dx;              // ボート位置
      op.Foreach((string x) => dic[x].pt.X += dx);  // 移動者位置
```

```
            Thread.Sleep(interval);    // 一定時間稼ぎ
            frm.Invalidate();          // 再描画の要請
          }
        }
        Thread.Sleep(500);             // 一定時間稼ぎ
      }
    }
}
```

　本プログラムは，フォームに Load, Paint イベントを設定し，問題解決開始と描画実行を行います。そして前節と同様に WolfGoatCabbage クラスを作成し，今回はそれにアニメーション処理を追加しました。

　WolfGoatCabbage クラスでは，さらに図 3-15 のようなグラフィックス要素用のデータ構造として Data クラスを作成しています。Data クラスはグラフィックス要素の画像と位置情報を持ち，Data コンストラクタによって画像ファイルロードと位置初期化を行います。

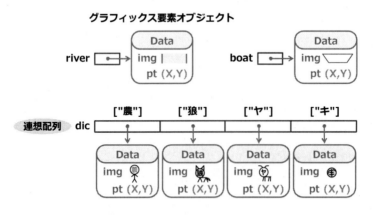

図 3-15　グラフィックス要素オブジェクトと連想配列

　WolfGoatCabbage コンストラクタでは，全グラフィックス要素に対する Data オブジェクトを生成していますが，農民，狼，ヤギ，キャベツのキャラクタについては次のように連想配列 dic を用意して格納しています。

```
        Dictionary<string, Data> dic = new Dictionary<string, Data>();
                          :
        dic.Add("農", new Data("farmer.png", 0, 140));
        dic.Add("狼", new Data("wolf.png", 0, 140));
        dic.Add("ヤ", new Data("goat.png", 0, 140));
        dic.Add("キ", new Data("cabbage.png", 0, 140));
```

　連想配列は，配列の添え字に整数以外の型によるキーが使え，キーによって値を参照します。C#の連想配列では Dictionary<string, Data> 型の場合，キーが string 型で値が Data 型となり，dic["農"]で農民の Data オブジェクトを参照します。本プログラムでは移動者を"農", "狼", "ヤ", "キ"という string 型の値で表していますので，その値をそのまま使って Data オブジェクトが参照できるというわけです。

　Animate メソッドではグラフィックス要素の位置計算とアニメーション制御を行っています。ボートが移動するアニメーション処理を簡単に言うと，ボートと乗船者の位置をループで少しずつ変化させながら，その都度画面を再描画するという単純なものです。このとき Animate メソッドはフォームとは別のスレッドから呼ばれているので，直接描画はせず frm.Invalidate()によって再描画の要請だけをしています。またアニメーションの速度調整に Thread.Sleep(interval)によってミリ秒単位で処理を停止させています。

```
        frm.Invalidate();           // 再描画の要請
        if (boatDir != 0) {         // アニメーション動作ならば
                :
          for (var i = 0; i < moveW; i += delta) { // アニメーションループ
                :
            (ボートと移動者の位置計算)
                :
            Thread.Sleep(interval); // 一定時間稼ぎ
            frm.Invalidate();       // 再描画の要請
          }
        }
        Thread.Sleep(500);          // 一定時間稼ぎ
```

第 4 章　ゲーム木理論

4.1　ゼロサムゲーム

☐ 二人零和有限確定完全情報ゲーム

　ゼロサムゲーム（zero-sum game，ゼロ和ゲーム）は，複数人によるゲームにおいて全員の利益の総和がゼロになるものです。例えば 2 人のジャンケンで勝ちを+1，負けを-1，引き分けを±0 とすると，両者の得点は足すと常にゼロになります。これは引き分けない限りどちらかが勝って利益を得て，他方が負けて損失することを意味しています。

　チェス，オセロ，将棋，囲碁，三目並べなどは 2 人で行うゼロサムゲームであり，二人零和有限確定完全情報ゲームと呼ばれます。これは，次のような性質をもつゲームです。

●二人零和有限確定完全情報ゲーム
- 2 人で行う
- ゼロサムゲームであり
- すべての手の組み合わせが有限であり
- 理論的にすべて先読み可能であり
- 運の要素が無く
- 相手が取った意思決定状態を知ることができる

　今回は人とゼロサムゲームを対戦するコンピュータプログラムをテーマにします。コンピュータの戦略として，常に最良の手を選択して，膨大な手の組み合わせの中から効率よく探索することを目標にします。対象として，三目並べを取り上げてプログラミングしてみましょう。

　三目並べの取り得る手は，図 4-1 のような組み合わせによるゲーム木で表現で

き，取り得る手（マス目の数や置けるコマの種類など）の多さによってゲーム木の規模が大きくなります。

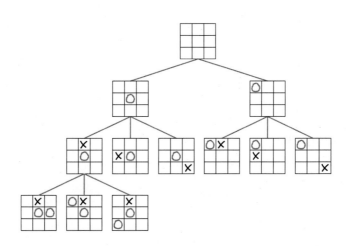

図 4-1　ゲーム木

なお，全員が負ける可能性がある非ゼロサムゲームの例としては，「囚人のジレンマ」などがあります。2 人の囚人がいて 2 人が罪を黙秘すれば懲役 2 年。1 人が自白すれば釈放され他方が懲役 5 年。2 人とも自白すると 2 人とも懲役 10 年となるルールです。

4.2　TicTacToe

❏ ルールと勝敗

TicTacToe は三目並べゲームであり，図 4-2 のような 3×3 のマス目に 2 人が交互に印をつけ，縦横斜めのいずれかで 3 つ並ぶと勝ちとなるゼロサムゲームです。なお 2 人が最良の手を打っていくと引き分けとなる性質を持っています。

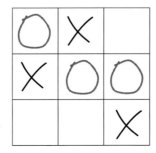

図 4-2　TicTacToe ゲーム

❏ TicTacToe 基本プログラム

　まず，基本機能バージョンによる `TicTacToe` プログラムをリスト **4-1** に示します。これは人とコンピュータの対戦プログラムで，ユーザが行と列番号を入力し，コンピュータはランダムにコマを置きます。このバージョンをもとにゲーム戦略を実装していきます。

ソリューション：ex04，プロジェクト：TicTacToeApp，コンソール アプリ

リスト 4-1　Program.cs　TicTacToe 基本プログラム

```
using my.Cons;            // 参照の追加→参照→Cons.dll
using System;

namespace TicTacToeApp
{
  class Program
  {
    static void Main(string[] args)
    {
      new TicTacToe().Play();
      Console.ReadKey();      // キー入力待ち
    }
  }

  // TicTacToe基本バージョンクラス
  public class TicTacToe
  {
    protected bool playing = true;              // ゲーム続行フラグ
    protected char winner = ' ';                // 勝者格納用
```

4.2 TicTacToe

```csharp
protected char[,] bd = Cons.MakeCharArray2(3,3,' ');    // ゲーム盤
protected Cons pat;                                     // 勝ちの添え字パターン
Random rnd = new Random();                              // ランダムジェネレータ

public TicTacToe()
{
  var a = Cons.Of(0,1,2);
  pat =  new Cons(
      a.Map((int x) => Cons.Of(x, x)),                  // 斜め3マス
      a.Map((int x) => Cons.Of(2-x, x)),                // 斜め3マス
      a.Map((int r) => a.Map((int c) => Cons.Of(r,c)))
         // 水平3マス × 3
      .Append(a.Map((int c)=> a.Map((int r)=> Cons.Of(r,c)))));
         // 垂直3マス × 3
}

protected bool Goal(char p)    // 勝者判定(3マス並んだか)
{
  return pat.Exists((Cons t) =>
           t.Forall((Cons a) => bd[a.GetI(0), a.GetI(1)] == p));
}

protected bool Fin()           // 終了判定(もう置けないか)
{
  return !Cons.Range(0, 3).Exists((int r) =>
           Cons.Range(0, 3).Exists((int c) => bd[r,c] == ' '));
}

protected char Turn(char p)    // プレイヤー交代
{
  return p == '○' ? '×' : '○';
}

protected virtual void Computer(char p)   // コンピュータの手(ランダム)
{
  var free = Cons.Range(0, 3).FlatMap((int r) =>
               Cons.Range(0, 3).Map((int c) => Cons.Of(r, c)))
               .Filter((Cons x)=>bd[x.GetI(0),x.GetI(1)]==' ');
  var f = (Cons)free.Get((int)(rnd.Next(free.Length())));
  var r1 = f.GetI(0);
  var c1 = f.GetI(1);
  bd[r1, c1] = p;
  Console.WriteLine("computer:" + p + " = " + r1 + "," + c1);
}
```

```
    protected virtual void Human(char p)    // 人間の手(行, 列のキー入力)
    {
      while (true) {
        Console.Write("row col =>");
        var s = Console.ReadLine().Split(' ');    // 1行入力
        var r = int.Parse(s[0]);                  // 数値にしてrに格納
        var c = int.Parse(s[1]);                  // 数値にしてcに格納
        if (r <= 2 && c <= 2 && bd[r, c] == ' ') { // 置ける場所ならば
          bd[r, c] = p;
          break;
        }
        // 置けない場所ならばループして再試行
      }
    }

    protected virtual void Disp()    // 盤表示
    {
      Console.WriteLine(Cons.FromArray2<char>(bd).Map((Cons x) =>
                    x.MkString("|")).MkString("\n"));
    }

    public void Play()                    // ゲームメインループ
    {
      char p = '○';                       // 最初のプレイヤー設定
      Disp();
      do {
        if (p == '○') Human(p);           // プレイヤーに応じた処理
        else Computer(p);
        if (Goal(p)) {                    // 勝ったか？
          winner = p;
          playing = false;
        } else if (Fin()) {               // 終了したか？
          playing = false;
        } else {
          p = Turn(p);                    // プレイヤー交代
        }
        Disp();
      } while (playing);
      if (winner != ' ') Console.WriteLine(winner + " Win!");
      else Console.WriteLine("drawn");
    }
  }
}
```

```
実行結果
   |   |
   |   |
   |   |
row col =>1 1     … 1 1 がユーザの入力部分
   |   |
   | ○ |
   |   |
computer:× = (1,0)
   |   |
 × | ○ |
   |   |
       :
（途中省略）
       :
row col =>0 2
 ○ | ○ | ○
 × | ○ |
   | × | ×
○ Win!           … ○の勝ち
```

変数 bd はゲーム盤の 2 次元配列であり，初期状態で空白文字が入っています。配列作成には，Cons クラスの MakeCharArray2 メソッドを使用します。

```
MakeCharArray2 メソッド（Cons クラス）
char[,] bd = Cons.MakeCharArray2(3, 3, ' ')
      => {{ ' ', ' ', ' ' },{ ' ', ' ', ' ' },{ ' ', ' ', ' ' }}
```

bd には，コマを表す「○」「×」がそのまま文字として格納されていきます。変数 pat は 3 目並んだかを調べるための添え字パターンで，次のような整数 2 個によるリスト×3×8 パターンのリストで構成されます。

```
(((0,0),(1,1),(2,2)),((2,0),(1,1),(0,2)),                          …斜め
 ((0,0),(0,1),(0,2)),((1,0),(1,1),(1,2)),((2,0),(2,1),(2,2)),…横
 ((0,0),(1,0),(2,0)),((0,1),(1,1),(2,1)),((0,2),(1,2),(2,2)))…縦
```

Computer メソッドは，空いているマスの一覧リストを作り，ランダムで 1 つを

選んで bd に「×」を格納します。Human メソッドはキーボードから 0, 1, 2 の行と列の番号を入力し bd に「○」を格納します。Play メソッドはゲームループであり，繰り返すたびにプレイヤーをターンさせ Computer と Human を交互に呼んでいきます。ゲームループは図 4-3 のようなフローチャート（流れ図）で表されます。

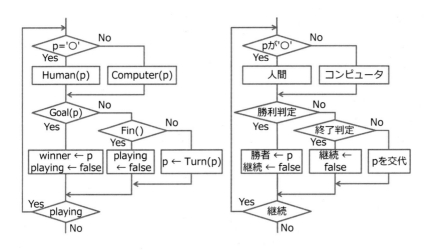

図 4-3　ゲームループのフローチャート（右：日本語化した内容）

　Computer, Human メソッドは汎用的な作りになっており，引数にコマの種類を与えます。これによって例えば Human の呼び出しを次のように Computer に置き換えるとコンピュータどうしの対戦になります。

```
if (p == '○')  Computer(p);    … 試しにHumanをComputerに置き換えてみた
else           Computer(p);
```

❏ TicTacToe グラフィックスプログラム

　リスト 4-2 はグラフィックスによるバージョンです。図 4-4 のようなグラフィックスウィンドウで表示し，キーボード入力からマウスクリックに操作方法を変

更しています．途中経過や勝敗などの状況はコンソールに表示します．グラフィックス処理を用い，多くの機能を TicTacToe クラスから継承したオブジェクト指向スタイルのプログラミングを行います．

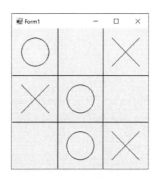

図 4-4　TicTacToe グラフィックスプログラムの実行画面

ソリューション：ex04, プロジェクト：TicTacToeGraphicsApp, Windows フォーム アプリケーション

リスト 4-2　Form1.cs　TicTacToe グラフィックスプログラム

```
using TicTacToeApp;              // 参照の追加→プロジェクト→TicTacToeApp
using System;
using System.Drawing;
using System.Threading;
using System.Threading.Tasks;
using System.Windows.Forms;

namespace TicTacToeGraphicsApp
{
  public partial class Form1 : Form
  {
    protected TicTacToeGraphics game;

    public Form1()
    {
      InitializeComponent();
    }

    protected virtual void Init()          // ゲーム初期化
```

```csharp
    {
      game = new TicTacToeGraphics(this);
    }

    private void Form1_Load(object sender, EventArgs e)
    {
      ClientSize = new Size(300, 300);
      DoubleBuffered = true;
      SetStyle(ControlStyles.ResizeRedraw, true);
      Init();              // ゲーム初期化
      game.Start();        // ゲーム開始
    }

    private void Form1_Paint(object sender, PaintEventArgs e)
    {
      game.Draw(e.Graphics);
    }

    private void Form1_MouseClick(object sender, MouseEventArgs e)
    {
      game.Click(e.X, e.Y);
    }
}

// TicTacToe(グラフィックスバージョン)クラス
public class TicTacToeGraphics : TicTacToe      // TicTacToeから派生
{
  Form frm;
  int selR, selC;              // マウス選択位置(行,列)
  bool clicked = false;        // クリックによる選択フラグ
  Pen pen = new Pen(Color.FromArgb(255, 0, 0, 0));

  public TicTacToeGraphics(Form frm)
  {
    this.frm = frm;
  }

  public void Click(int x, int y)    // クリック処理
  {
    if (!clicked) {
      selC = (int)(x * 3.0 / frm.ClientSize.Width);
      selR = (int)(y * 3.0 / frm.ClientSize.Height);
      clicked = true;
    }
  }
```

```csharp
protected override void Human(char p)
{
  while (true) {
    while (!clicked) {      // マウス選択待ちループ
      Thread.Sleep(100);
    }
    if (bd[selR, selC] == ' ') {
      bd[selR, selC] = p;   // 空白ならマーク代入
      clicked = false;      // 未選択状態にしておく
      Console.WriteLine("human    :" + p + " = " +selR + "," +selC);
      break;
    } else {
      clicked = false;      // 未選択状態にしておく
    }
    // 置けない場所なのでループして再試行
  }
}

public void Start()         // 開始処理
{
  Task.Run(() => {          // 別のスレッドで動作させる
    Play();                 // ゲームスレッド内でゲーム実行
  });
}

protected override void Disp()   // ゲームスレッド内からゲーム盤再描画
{
  frm.Invalidate();         // 再描画の要請
}

public void Draw(Graphics g)    // ゲーム盤再描画
{
  var w = frm.ClientSize.Width;
  var h = frm.ClientSize.Height;
  var dw = w / 3;
  var dh = h / 3;
  for (var i = 1; i < 3; i++) {
    var x = i * dw;
    var y = i * dh;
    g.DrawLine(pen, x, 0, x, h);
    g.DrawLine(pen, 0, y, w, y);
  }
  var mw = dw * 0.6f;
  var mh = dh * 0.6f;
```

```
            for (var r = 0; r < 3; r++) {
              for (var c = 0 ; c < 3; c++) {
                if (bd[r, c] != ' ') {
                  var x1 = c*dw + (dw-mw)*0.5f;
                  var y1 = r*dh + (dh-mh)*0.5f;
                  var x2 = x1 + mw;
                  var y2 = y1 + mh;
                  if (bd[r, c] == '○') {
                    g.DrawEllipse(pen, x1, y1, mw, mh);
                  } else if (bd[r, c] == '×') {
                    g.DrawLine(pen, x1, y1, x2, y2);
                    g.DrawLine(pen, x2, y1, x1, y2);
                  }
                }
              }
            }
            if (!playing && winner != ' ') {
              var font = new Font("Arial", 30);
              var br = new SolidBrush(Color.Red);
              g.DrawString(winner == '○' ? "You win!" : "You lose",
                    font, br, 0, 0);
            }
          }
        }
      }
```

 ゲームのロジックにグラフィックス処理を加え，Windowsアプリケーションとして機能させると，プログラムは複雑になっていきます．そこで，このプログラムはグラフィックス処理とゲーム処理をマルチスレッドで分離することで，複雑なプログラムをシンプルに記述できるようにしています．
 TicTacToeGraphicsクラスはTicTacToeから派生させ，Playメソッドをはじめ多くの機能を継承します．各メソッドは，ゲームのロジックとしてゲームスレッド側で動作します．オーバーライドしたメソッドにはHuman，Dispがあります．
 Humanメソッドはキーボード入力に代わってマウスクリック処理になっています．Dispメソッドはコンソール出力に代わってグラフィックス描画します．
 Dispは，ゲームエンジンであるPlayメソッドの中から呼び出されます．Dispをオーバーライドするために，基底クラスと派生クラスでそれぞれvirtualとoverrideで宣言しています．Dispの処理はゲームエンジンスレッド側なので，単にfrm.Invalidate()によって再描画を要請し，実際の描画はフォームスレッ

ド側で Form1_Paint イベントハンドラから呼ばれる Draw メソッドで行います。

　フォームの処理はプログラムのメインスレッドであり，Form1_Load イベントハンドラから呼ばれる開始処理 Start メソッド内では，ゲームスレッドを次のように生成し，その中でゲームエンジンである Play メソッドを呼び出します。

```
Task.Run(() => {        // 別のスレッドで動作させる
  Play();               // ゲームスレッド内でゲーム実行
});
```

　ユーザインタフェース（UI）はフォームスレッド側で処理するので，マウスクリック時に呼ばれる Form1_MouseClick イベントハンドラを設定し，その中から呼ばれる Click メソッドでは，変数 selR, selC に選択位置を求め，クリックされたことを表す clickd フラグを true にします。一方ゲームスレッド側では，Human メソッドのマウス選択待ちループで clickd フラグを監視し，false の間はクリック待ち状態としてループしています。

```
public void Click(int x, int y)    // クリック処理
{
  if (!clicked) {
    （クリック座標からselR, selCを求め, clicked = trueにする）
  }
}

protected override void Human(char p)
{
  while (true) {
    while (!clicked) {              // マウス選択待ちループ
      Thread.Sleep(100);
    }
    （selR, selCのマスが空いていれば置く, その後 clicked = falseにする）
  }
}
```

　Draw メソッドは，ゲーム盤の状態を .NET の描画 API を用いてグラフィックス描画します。線描画に DrawLine，円描画に DrawEllipse，テキスト描画に DrawString を使用しています。各座標計算では，フォームの幅と高さを基準に行

っているので，フォームサイズを変えるとそれに応じたサイズで描画されます。

図 4-5 はスレッドに注目したクラス構成です。フォームスレッドでの処理には，各イベントハンドラおよびそこから呼ばれる Start，Click，Draw メソッドがあります。一方ゲームスレッドでの処理には，Play，Human，Disp があります。そして Play メソッドは，親クラスである TicTacToe クラスから継承しています。こうしたスレッド構成によりフォームの UI とゲーム処理が並行して機能します。

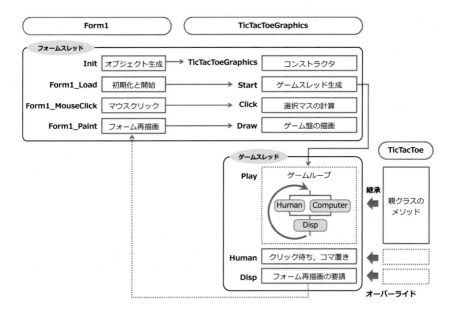

図 4-5　TicTacToe グラフィックスプログラムのクラスとスレッド

4.3　ミニマックス戦略

❏ 最良の手を打つ戦略

では，コンピュータを強くしてみましょう。ランダムな手では勝ちは偶発的であり，考えてプレイする人間にはかないません。そこで勝つために何かを優先し

て戦うこと，つまり戦略を持たせてみます。

ミニマックス戦略（minmax strategy）は最良の手を選択することを基本とした手法です。各局面を数値化し，数手先まで読みその選択肢の中から自分の手が最大（Max）で，かつ相手の手が自分にとって最小（Min）になる選び方をします。自分にとっての最小は相手にとっての最大であり，両者が常に最良の手を打つシナリオを想定してシミュレートします。

図 4-6 は 3 手先まで読んだときのゲーム木です。ここでは自分がコンピュータであり，相手が人間です。1 手先は自分の手，2 手先はそれに対する相手の手，そして 3 手先はさらにそれに対する自分の手にあたります。

まず 3 手先である最深部（レベル 3）において，評価値（有利さを計算したもの）の最大値 Max を枝別れしたグループ内から選択します。この最大値が自分の最良の手です。その値を 1 つ上（レベル 2）の評価値として決定します。レベル 2 では逆に最小値 Min を選択します。この最小値が相手の最良の手であり，相手がこう打つであろうという予測計算をすることを意味します。これを 1 つ上のレベル 1 の評価値として決定します。そしてレベル 1 では再び最大値 Max，つまり自分の最良の手を選択します。こうして 3 手先で自分が最良の局面を迎えるためのコンピュータの次の一手が決定します。

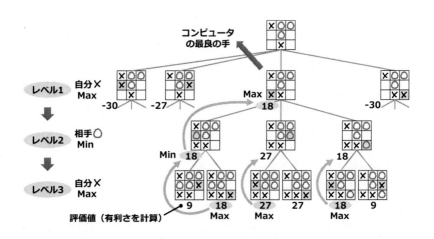

図 4-6　ミニマックス戦略

❏ TicTacToe ミニマックスプログラム

リスト 4-3 はミニマックス戦略を実装した TicTacToe のバージョンです。TicTacToeMinMax クラスはグラフィックスバージョン TicTacToeGraphics クラスから派生させており，さらに Form1 クラスも TicTacToeGraphicsApp.Form1 から派生させることで Form1 はかなりシンプルな内容になっています。実行させるとグラフィックス形式の UI は変わらず，さらにコンソール出力に探索回数を出力するようにしました。

ソリューション：ex04, プロジェクト：TicTacToeMinMaxApp, Windows フォーム アプリケーション

リスト 4-3　Form1.cs　TicTacToe ミニマックスプログラム

```
using my.Cons;                    // 参照の追加→参照→Cons.dll
using TicTacToeGraphicsApp;       //   〃 →プロジェクト→TicTacToeGraphicsApp
using System;
using System.Windows.Forms;

namespace TicTacToeMinMaxApp
{
  public partial class Form1 : TicTacToeGraphicsApp.Form1
  {
    protected override void Init()        // ゲーム初期化
    {
      game = new TicTacToeMinMax(this);
    }
  }

  // TicTacToe(ミニマックスバージョン)クラス
  public class TicTacToeMinMax : TicTacToeGraphics
  {                                // TicTacToeGraphicsから派生
    public TicTacToeMinMax(Form frm) : base(frm)
    {
    }

    int F(char p, Cons t)                 // 評価値計算
    {
      var self = t.Count((Cons a)=> bd[a.GetI(0),a.GetI(1)] == p);
      var free = t.Count((Cons a)=> bd[a.GetI(0),a.GetI(1)] == ' ');
      var other = 3 - self - free;
      if (self > 0 && other == 0) return (int)Math.Pow(3,self);
```

```
      else if (other > 0 && self==0) return -(int)Math.Pow(3,other);
      else return 0;
}

protected virtual int Eval(char p)         // 全パターンの評価値合計
{
   return pat.Map((Cons t) => F(p, t)).Sum();
}

Cons Search(char p, char psw, int level)
{
   var myTurn = psw == p;
   var minmax = Cons.Of(0, 0, myTurn ? int.MinValue:int.MaxValue);
   var count = 0;
   for (var r = 0; r < 3; r++) {
      for (var c = 0; c < 3; c++) {
         if (bd[r, c] == ' ') {    // 空のマスのみ調べる
            bd[r, c] = psw;              // マスに駒を置く(シミュレーション開始)
            int v;
            if (level == 1 || Goal(psw) || Fin()) {
               count += 1;               // 探索回数のカウント
               v = Eval(p);              // 評価値計算
            } else {                     // 再帰的に探索
               var v1 = Search(p, Turn(psw), level-1);
               count += v1.GetI(1);      // 再帰的なカウント加算
               v = v1.GetC(0).GetI(2);   // 再帰的な評価値
            }
            bd[r, c] = ' ';              // マスを空に戻す(シミュレーション終了)
            if (myTurn && v > minmax.GetI(2) ||
                !myTurn && v < minmax.GetI(2)) {
               minmax = Cons.Of(r,c,v); // 評価値が良ければ最良の手にする
            }
         }
      }
   }
   return Cons.Of(minmax, count);        // 最良の手と探索回数を返す
}

protected override void Computer(char p) //コンピュータ最良の手を探索
{
   var s = Search(p, p, 3);              // 3手先まで読む
   var r = s.GetC(0).GetI(0);
   var c = s.GetC(0).GetI(1);
   bd[r, c] = p;
```

```
        Console.WriteLine("computer:" + p + " = " + r + "," + c +
                                        " MinMax search = " + s.GetI(1));
    }
  }
}
```

実行結果

```
human   :○ = (1,1)
computer:× = (0,0) MinMax search = 336
human   :○ = (0,1)
computer:× = (2,1) MinMax search = 105
human   :○ = (0,2)
computer:× = (2,0) MinMax search = 21
human   :○ = (1,0)
computer:× = (2,2) MinMax search = 2
× Win!
```

　大きな変更点である Computer メソッドは，そこから呼び出される Search メソッドがコンピュータにとって最良の一手を探索します。Search では空のマスにコマを置くシミュレーションを level 回先まで再帰的に行います。そして評価値を計算し，ミニマックス戦略によってコンピュータが最大に，人間が最小になるような手を選択します。

　図 4-7 は評価値計算によってコンピュータが最大になる手を選択する場合です。F メソッドは縦横斜めの「ある 3 目パターン」において，自分（コンピュータ）側に次のように得点を付けます。

　　×××＝27点，　××空＝9点，　×空空＝3点
　　　　　　　　　　　　　　　　　…（空は空白のマスを意味する）

　相手（人間）側も，次のように同様の得点付けをマイナス点として求めます。なお，「○×」混在の部分の得点はゼロとします。

　　○○○＝-27点，　○○空＝-9点，　○空空＝-3点
　　○○×＝　0点，　○×空＝　0点

そして，EvalメソッドがFメソッドによって得られた全パターンの得点の総和を計算し，その局面の評価値とします。なお，今回の計算法では，同じコマの連続数をnとすると，3のn乗で計算しています。このような評価値計算の方法は特に決まっていませんので，自分なりの重み付け計算など考えてみるといいでしょう。

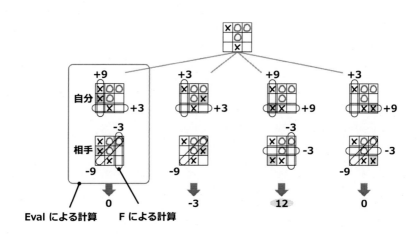

図4-7　評価値の計算

Evalメソッドの処理内容は，図4-8のようにすべての3目並びパターン位置について，Mapメソッドを使い，それぞれFメソッドで得たすべての値のリストを作り，Sumメソッドによって総合計を求め，その局面の評価値とします。MapメソッドにはFメソッドで得点を求めるラムダ式を与えています。なお，ConsクラスのSumメソッドは，次のようにリスト要素の合計値を求めます。

```
Sum メソッド(Cons クラス)
a              => (1, 2, 0, -1, 3)
a.Sum()        => 5
```

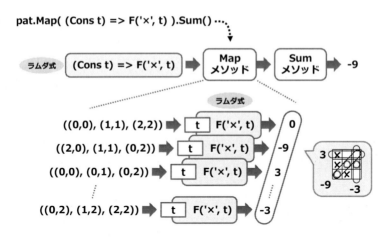

図 4-8　Eval メソッドの計算処理

　Search メソッドは，結果を(minmax, count)というリストで返します。minmax は(行, 列, 評価値)という形式で，最大の手，あるいは最小の手を表します。count は全探索回数がカウントされます。これは次節のアルファベータカットとの比較用に表示するものです。実行結果では，3 手先まで読む場合，初回は 336 回と探索回数が多い状況となっています。

4.4　アルファベータカット

❏ 目的とアルゴリズム

　ミニマックスによる探索の場合，三目並べよりも状態空間の大きなゲームでは探索コストが増加します。アルファベータカット（アルファベータ法，alpha-beta pruning）は，ゲーム木から探索する必要のない枝をカット（枝刈り）することで探索効率と実行速度を向上させます。ミニマックスの処理で最大値（最小値）の手を探す場合，現在の評価値よりも小さい（大きい）値は選択されないことがわかっているので，評価値より小さく（大きく）なった場合はそこで探索を打ち切ります。この操作をαカット（βカット）と呼びます。

例えば図 4-9 において，最小値 Min を選ぶレベルで現在「0」が得られた状態だとします。最小値を選ぶレベルの下位レベルでは最大値 Max が選択されるため，「3」が出現すると，少なくとも「3」以上のものが下位レベルの最大値に決定するはずです。このとき，上位レベルでは最小値を選択します。

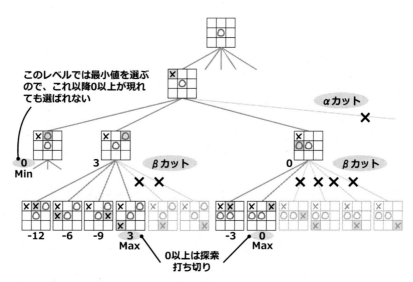

図4-9　アルファベータカット

上位レベルでは現在「0」が最小値候補であり，これより大きい値は選択されません。よって「3」は「0」より大きいので選ばれることは決してないのです。つまりこれ以上の下位レベル探索は無意味であることが判明します。こうしてβカットによって探索を打ち切ることができます。

このようにして，すべてを探索するのではなく状況を判断しながら効率よく処理を行います。3目並べでなくチェスや将棋であればゲーム木は広大な探索空間となります。問題が複雑になると膨大な計算量になってしまうので，このような手法が有効です。

❑ TicTacToe アルファベータカットプログラム

リスト4-4はアルファベータカットを実装したTicTacToeのバージョンです。各クラスはミニマックスバージョンから派生させています。

ソリューション：ex04、プロジェクト：TicTacToeAlphaBetaApp、Windowsフォームアプリケーション

リスト4-4　Form1.cs　TicTacToeアルファベータカットプログラム

```
using my.Cons;                    // 参照の追加→参照→Cons.dll
using TicTacToeMinMaxApp;         //   〃   →プロジェクト→TicTacToeMinMaxApp
using System;
using System.Windows.Forms;

namespace TicTacToeAlphaBetaApp
{
  public partial class Form1 : TicTacToeMinMaxApp.Form1
  {
    protected override void Init()          // ゲーム初期化
    {
      game = new TicTacToeAlphaBeta(this);
    }
  }

  // TicTacToe(アルファベータ刈りバージョン)クラス
  class TicTacToeAlphaBeta : TicTacToeMinMax
  {                                         // TicTacToeMinMaxから派生
    public TicTacToeAlphaBeta(Form frm) : base(frm)
    {
    }

    Cons SearchAB(char p, char psw, int level, int alphaOrBeta)
    {
      var myTurn = psw == p;
      var minmax = Cons.Of(0, 0, myTurn ? int.MinValue : int.MaxValue);
      var count = 0;
      for (var r = 0; r < 3; r++) {
        for (var c = 0; c < 3; c++) {
          if (bd[r, c] == ' ') {          // 空のマスのみ調べる
            bd[r, c] = psw;                 // マスに駒を置く(シミュレーション開始)
            int v;
            if (level == 1 || Goal(psw) || Fin()) {
```

4.4 アルファベータカット

```csharp
                    count += 1;                    // 探索回数のカウント
                    v = Eval(p);                   // 評価値計算
                } else {
                    // 再帰的に探索
                    var v1 = SearchAB(p, Turn(psw), level-1, minmax.GetI(2));
                    count += v1.GetI(1);           // 再帰的なカウント加算
                    v = v1.GetC(0).GetI(2);        // 再帰的な評価値
                }
                bd[r, c] = ' ';          // マスを空に戻す(シミュレーション終了)
                if (myTurn && v >= alphaOrBeta ||
                    !myTurn && v <= alphaOrBeta) {
                    return Cons.Of(Cons.Of(r, c, v), count);
                                    // これ以上の探索を打ち切って結果を返す
                }
                if (myTurn && v > minmax.GetI(2) ||
                    !myTurn && v < minmax.GetI(2)) {
                    minmax = Cons.Of(r, c, v);
                                    // 評価値が良ければ，最良の手にする
                }
            }
          }
        }
    }
    return Cons.Of(minmax, count);  // 最良の手と探索回数を返す
  }

  protected override void Computer(char p)
  {                          // コンピュータ最良の手を探索(最適な探索回数で)
    var s = SearchAB(p, p, 3, int.MaxValue); // 3手先まで読む
    var r = s.GetC(0).GetI(0);
    var c = s.GetC(0).GetI(1);
    bd[r, c] = p;
    Console.WriteLine("computer:" + p + " = " + r + "," + c +
                                " AlphaBeta search = " + s.GetI(1));
  }
 }
}
```

実行結果

```
human   :○ = (1,1)
computer:× = (0,0) AlphaBeta search = 170
human   :○ = (0,1)
computer:× = (2,1) AlphaBeta search = 85
human   :○ = (0,2)
```

```
computer: × = (2,0) AlphaBeta search = 13
human   : ○ = (1,0)
computer: × = (2,2) AlphaBeta search = 2
× Win!
```

ミニマックスバージョンの Search メソッドに対し，アルファベータカットの SearchAB メソッドで異なるのは，新たな引数 alphaOrBeta が増えたことと，次のような探索打ち切り処理が追加されたことです．それ以外の部分はミニマックスバージョンの Search メソッドと同じです．引数 alphaOrBeta としてアルファ値（ベータ値）を渡し，これを基準に下位レベルの探索打ち切りを判定しています．この打ち切りによって無駄な探索を抑えています．

```
if (myTurn && v >= alphaOrBeta || !myTurn && v <= alphaOrBeta) {
    return Cons.Of(Cons.Of(r, c, v), count);
                             // これ以上の探索を打ち切って結果を返す
}
```

ミニマックスバージョンに対し，次の一手を決定する判断能力に違いはありませんが，実行結果を見てみると，例えば初手探索はミニマックスバージョンよりも 336→170 と探索回数が削減されており，より高速に最良の手を見つける処理になっています．これが，チェスや将棋のような広大な探索空間のゲームになると，処理速度は非常に重要になってきます．

第 5 章　推論と知識ベース

5.1　推論エンジン

❏ プロダクションシステムと推論エンジン

　人工知能の代表的な情報処理システムにエキスパートシステム（専門家システム，expert system）があります。これは人の持つ複雑な知識をデータ表現し，それらの知識を利用した意思決定システムとして，例えば故障診断や化学構造分析，あるいはゲームなどの応用があります。エキスパートシステムの知識データ処理では「推論」によって答えを導き出すプロダクションシステム（production system）という手法が用いられています。

　プロダクションシステムはルールベースの推論システムであり，図 5-1 のように人の経験知識にもとづく「ルール」を蓄えた知識ベース（knowledge base），状況を表す「事実」を格納するワーキングメモリ，それらをもとに論理的な「推論」を行う推論エンジン（inference engine）で構成されます。

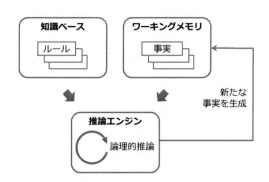

図 5-1　プロダクションシステムによる推論処理

しくみは3段論法のように，現在存在する事実に対してルールをあてはめて推論処理を実行し，その結果として新事実が導き出されます。そして導き出された新事実をもとにさらにルールと他の事実を照らし合わせて推論が進行し，事実が次々と生成されていきます。こうした事実生成によって，何が言えるのか，答えは何か，といった推論による問題解決に利用できます。

このような知的情報処理は人間も行っており，コンピュータによる模倣と言ってよいでしょう。状況が複雑な場合，人間には解決困難であってもコンピュータは見落とすことなく結果を導き出します。

プロダクションシステムにおいて，知識は図5-2のようなルール情報として表現され，また事実は図5-3のように表現されます。

図5-2　知識のルール表現

図5-3　事実の表現

各ルールは前提条件とアクション（結論）で構成されます。推論では前提条件に一致する事実が存在すればアクションによって新事実が生成されます。ルールには x，y，z などの変数を含めることができます。

例えば，次のようにルール②に対して，事実①，事実②を適用すると，推論により新事実が導き出されます。この場合ルールの変数 x には momo が代入されます。

ルール② 「x は鋭い爪を持つ」「x は目が正面についている」→「x は肉食動物である」

事実①　「momo は鋭い爪を持つ」
事実②　「momo は目が正面についている」

推論結果
新事実　「momo は肉食動物である」

このような手順を繰り返し実行すると，図 5-4 のような推論結果が得られます。

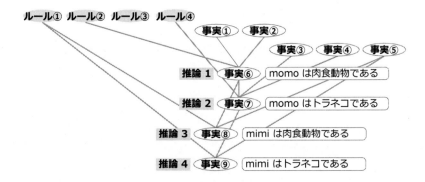

図 5-4　プロダクションシステムによる推論結果

ルールが増加していくと，複雑化した因果関係による情報量が多くなり，もはや人間の思考能力では対応できません。推論エンジンは論理的思考と多大な知識量という，まさに特別な専門家でしか対処できないような知識処理を人間に代わってこなすことができます。

前向き推論と後ろ向き推論

推論には前向き推論（forward chaining）と後ろ向き推論（backward chaining）があります。前向き推論は，次のようにルールと事実から何らかの新事実を結果として導き出す演繹法による推論です。「A ならば B，B ならば C，ゆえに A ならば C である」という論法で推論し，どんな事実が生成されるかは推論を実行してみないとわかりません。

前向き推論

ルール	「x は鋭い爪を持つ」「x は目が正面についている」→「x は肉食動物である」
	↓　…（すべてのルールを試して推論してみる）
事実	「momo は鋭い爪を持つ」
事実	「momo は目が正面についている」
	↓
推論結果	
新事実	「momo は肉食動物である」

一方，後ろ向き推論とは，先に結論を仮定してその結論が得られるために必要な事実は何であるかを導き出す帰納法による推論です。つまり「A ならば C であるためには A ならば B である必要があり，B ならば C である必要がある」というような論法です。これは次のように質問に対する解を求める推論形式で，ちょうど前向き推論とは逆のアプローチによるものです。

後ろ向き推論

質問	「momo は ？ である」
	↓　…（ルールの結論部分に該当するものを探す）
ルール	「x は肉食動物である」←「x は鋭い爪を持つ」「x は目が正面についている」
	↓　…（ルールが成立するための前提となる事実を探す）
事実	「momo は鋭い爪を持つ」
事実	「momo は目が正面についている」
	↓
推論結果	
新事実	「momo は肉食動物である」
	↓　…（変数 ？ が決定し，解が得られる）
解答	？ = 肉食動物

5.2 前向き推論

❏ 前向き推論エンジンプログラム

　リスト 5-1 は前向き推論エンジンのプログラムです。このプログラムを使って後で用意するルールと事実をもとに推論を実行することができます。

ソリューション：ex05, プロジェクト：InferenceEngineForwardApp, コンソール アプリ
リスト 5-1　Program.cs　前向き推論エンジンプログラム

```
using my.Cons;                    // 参照の追加→参照→Cons.dll
using System;

namespace InferenceEngineForwardApp
{
  class Program
  {
    static void Main(string[] args)
    {
      string[][] ruleData = {        // ルール
        new string[] {
          "$x are mammals",          // x は哺乳類である
          "mammals have lungs",      // 哺乳類は肺を持つ
          "->",                      // ならば
          "$x have lungs"            // x は肺を持つ
        }
      };
      string[] factData = {          // 事実
        "mammals have lungs",        // 哺乳類は肺を持つ
        "whales are mammals"         // クジラは哺乳類である
      };
      // 前向き推論動作テスト
      new InferenceEngineForward().Forward(ruleData, factData);
      Console.ReadKey();
    }
  }

  // 前向き推論エンジンクラス
  public class InferenceEngineForward
  {
```

```csharp
  protected Cons rules;           // ルール
  protected Cons facts;           // 事実

  protected Cons RuleReader(string[][] s)     // ルールデータの読み取り
  {
    return Cons.FromArray(s).Map((string[] x) =>
           Cons.FromArray(x).Map((string y) =>
             Cons.FromArray(y.Split(' ')))
           .Split((Cons z) => z.Equals(Cons.Of("->"))));
  }

  protected Cons FactReader(string[] s)       // 事実データの読み取り
  {
    return Cons.FromArray(s).Map((string x) =>
                          Cons.FromArray(x.Split(' ')));
  }

  protected string GetEnv(Cons env, string var) // 環境変数から値参照
  {
    if (env == Cons.Nil) return null;      //見つからなければnullを返す
    else if (env.GetC(0).Head.Equals(var))
      return env.GetC(0).GetS(1);          // 見つかったら変数の値を返す
    else return GetEnv(env.Tail, var);     // 残りの環境変数リストを調べる
  }

  protected Cons PatMatch(Cons p1, Cons p2, Cons env) //パターンマッチ
  {
    if (p1 == Cons.Nil && p2 == Cons.Nil) // 両方が空ならマッチング成功
      return env;
    else if (p1 == Cons.Nil || p2 == Cons.Nil) // どちらか空なら失敗
      return null;
    else {
      var a = p1.GetS(0);          // 各パターンの先頭をa, bにセット
      var b = p2.GetS(0);
      var aa = p1.Tail;            // 各パターンの残りをaa, bbにセット
      var bb = p2.Tail;
      if (a[0] == '$') {           // 環境変数なら
        var val = GetEnv(env, a);
        if (val != null) {         // 環境に存在すれば値を取り出し比較
          return b.Equals(val) ? PatMatch(aa, bb, env) : null;
        } else {                   // 環境に存在しなければ追加
          return PatMatch(aa, bb, new Cons(Cons.Of(a, b), env));
        }
      } else if (a.Equals(b)) {    // 単純文字列比較
```

5.2 前向き推論　123

```
      return PatMatch(aa, bb, env);
    } else return null;
  }
}

protected string ReplaceVar(string s, Cons env)
{
  if (s[0] == '$') {              // sが環境変数なら値を返す
    var val = GetEnv(env, s);
    return val != null ? val : s; // 存在しなければsを返す
  } else  return s;               // そのままsを返す
}

protected Cons ApplyEnv(Cons action, Cons env) // アクションから事実生成
{
  if (action == Cons.Nil) return Cons.Nil;
  else return new Cons(ReplaceVar(action.GetS(0), env),
                       ApplyEnv(action.Tail, env));
}

protected Cons NewFacts(Cons actions, Cons env) // 新事実生成
{
  if (actions == Cons.Nil) return Cons.Nil;
  else {
    var f = ApplyEnv(actions.GetC(0),env); //一つのアクションから事実生成
    if (!facts.Contains(f)) {              // 新事実なら
      return new Cons(f, NewFacts(actions.Tail, env));   //追加
    } else {                               // 残りのアクションも再帰処理
      return NewFacts(actions.Tail, env);
    }
  }
}

protected Cons RuleMatch(Cons patterns, Cons env)
{
  if (patterns == Cons.Nil) return Cons.Of(env);
  else // 前提条件の一つにマッチすれば，残りも調べ環境変数の組み合わせを生成
    return facts.Map((Cons x) => PatMatch(patterns.GetC(0), x, env))
                .Filter((Cons y) => y != null)
                .FlatMap((Cons z) =>
                         RuleMatch(patterns.Tail, z));
}

public void Forward(string[][] rulestring, string[] factstring)
{                                          // 前向き推論実行
```

```
      rules = RuleReader(rulestring);
      facts = FactReader(factstring);
      Console.WriteLine("--- 生成された事実 ------------------------");
      while (true) {
        // 環境変数の組み合わせを適用する
        if (!rules.Exists((Cons r) =>
          RuleMatch(r.GetC(0), Cons.Nil).Exists((Cons e) => {
            var fact = NewFacts(r.Tail.GetC(0), e); // 新事実生成を試みる
            if (fact != Cons.Nil) {
              fact.Println();
              facts = facts.Append(fact);      // 新事実をリストに追加
              return true;
            } else {
              return false;
            }
          }))
        ) return;       // 新事実生成がなければ推論終了
      }
    }
  }
}
```

実行結果

```
--- 生成された事実 ------------------------
(("whales", "have", "lungs"))              … クジラは肺を持つ
```

ルールと事実は，変数 `rules` と `facts` に格納します。それらは文字列データ（ruleData, factData）から RuleReader と FactReader メソッドによって，リストデータに変換しています。文字列で与えるルールの構文は次のような形式であり，前提とアクションを（結論）それぞれ 1 個以上の文字列で表現します。各文字列は空白区切りの単語で表現し，単語に`$`がつくと変数になります。

```
{
  "$変数 単語 単語 ～",        … 前提（単語か変数で構成）
  "単語 単語 単語 ～",         …    〃
  "->",                       … 前提部とアクション部の区切り
  "$変数 単語 単語 ～"         … アクション
}
```

RuleReader では，Cons クラスの Split メソッドを使ってルールのリストを前提部とアクション部に分割しています。Split は，ラムダ式が真になるリスト要素の左側と右側をそれぞれリストにまとめます。

```
Split メソッド（Cons クラス）
a                                => (1, 2, 3, 4)
a.Split((cons x) => x == 3)      => ((1, 2), (4))

a    => ((($x, are, mammals), (mammals, have, lungs),
         (->),
         ($x, have, lungs)))
a.Split((Cons z) => z.Equals(Cons.Of("->")))
     => ((($x, are, mammals), (mammals, have, lungs)),
         (($x, have, lungs))))
```

前向き推論エンジンのメイン処理 Forward メソッドでは，変数 rules に格納されているルールの前提部と，変数 facts に格納されている事実を照合し，ルールのアクション部から新事実を生成します。新事実が導き出されたら facts にそれを追加して，新事実が生成されなくなるまで，この処理を繰り返します。

今，図 5-5 のようなルールと事実のデータがあったとします。これらによる推論過程は，前提①と事実①の照合，前提②と事実②の照合，そしてアクション①を使った事実生成という処理になります。ここでの照合は，推論エンジンの重要な機能であり，パターンマッチングと呼ばれます。

図 5-5　前向き推論のデータ例

パターンマッチングは，2 つが同じパターンであるか判定し，同時に，その時に変数にあてはめた単語の組み合わせを求める処理です。図 5-6 の例では，両方のパターンがマッチングに成功し，結果として環境変数が得られます。

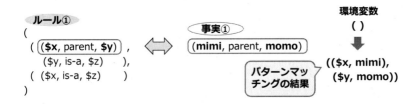

図 5-6　前向き推論のパターンマッチング例(1)

パターンマッチングを処理するのが PatMatch メソッドです。PatMatch は，図 5-7 のように再帰処理を行います。ルールの前提条件やアクションの 1 文（パターン 1）と事実の 1 文（パターン 2）を引数とし，それらの先頭要素がマッチングすれば，残りのリスト要素に対しても再帰的に調べていきます。再起の最後まで行って両パターンが空リストならマッチングは成功を意味し，片方だけ空リストならパターンの長さが違うため失敗を意味します。

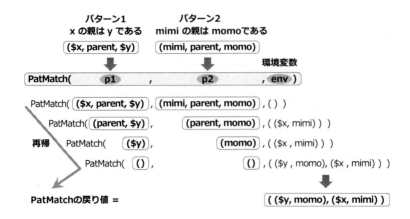

図 5-7　PatMatch メソッドの再帰的パターンマッチング処理

第 3 引数 env（初期値は空のリスト）は，マッチング途中で出現した変数とその値を環境変数として保持し，次の再帰呼び出しに渡していきます。この例では，最終的なマッチング結果として$x=mimi, $y=momo という変数と値のペアが得られます。つまり 2 つのパターンは$x=mimi かつ$y=momo においてマッチングするという結果を意味します。

　PatMatch の引数である環境変数の働きについて見てみましょう。一つのルールについてパターンマッチングを進める際，PatMatch の初回呼び出しでは，環境変数 env は空のリストです。そして図 5-7 のように(($x,mimi), ($y,momo))が得られます。これを図 5-8 のように次のパターンマッチングを行う際の環境変数の引数とします。ちょうど，複数のパターンマッチングで環境を受け継ぐかたちで，新たな環境変数の「変数=値」のペアが追加されていきます。

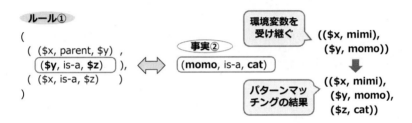

図 5-8　前向き推論のパターンマッチング例(2)

　では，図 5-9 ではどうでしょうか。PatMatch は，2 つのパターンの先頭要素から比較していき，変数が出現すると，getEnv メソッドを使って現在の環境変数から値を取り出します。

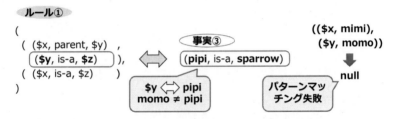

図 5-9　前向き推論のパターンマッチング例(3)

この例では，$y と pipi の比較において，環境変数から$y の値を取り出して momo と pipi が等しいかを調べます．するとパターンマッチングは失敗するので，事実③を使った推論はこれ以上できないことが判明します．PatMatch は単に照合するだけでなく，それぞれのルールの文脈でパターンマッチングが成立するかを調べます．この文脈情報にあたるのが環境変数です．

ルール前提部のパターンマッチングがすべて成功したら，図 5-10 のようにアクション部に環境変数を適用して新たな事実を生成します．この処理を行う NewFacts メソッドでは，アクション部の各アクションに対し，下請けメソッド ApplyEnv にアクションと環境変数を渡して，事実を作成します．ApplyEnv 内では，さらに下請けメソッド ReplaceVar によって変数を値に置換しています．

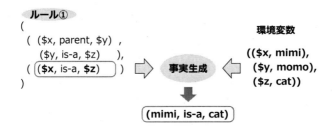

図 5-10　新たな事実生成の例

推論エンジンのメイン処理である Forward メソッドでは，まず，RuleMatch メソッドによってルールの前提部をすべて PatMatch で調べ，マッチング結果として前提部全体の環境変数を得ます．

RuleMatch メソッド内では，図 5-11 のように，前提部である patterns から先頭の 1 パターンを取り出し，すべての事実 facts について，PatMatch で照合します．PatMatch はマッチングが成功すると環境変数を返し，失敗すると null を返すので，Filter メソッドで null 以外のものを処理対象とします．そして，残りの patterns に対しても再帰的に処理し，すべての結果を環境変数のリストにまとめていきます．

これらは，前提に対する事実を多対多で照合し，あらゆる組み合わせの可能性から推論結果を導き出す複雑な処理ですが，関数型プログラミングスタイルによ

って，比較的簡潔に記述しています。こうして得られたリストは(環境変数 1，環境変数 2，…)という形式となり，環境変数が複数生成されます。これは，事実の内容が異なれば変数の値も異なるので，環境変数 1 が$x=mimi, $y=momo，また環境変数 2 が$x=emma, $y=olivia というように，複数の環境の組み合わせが扱えるようになっています。

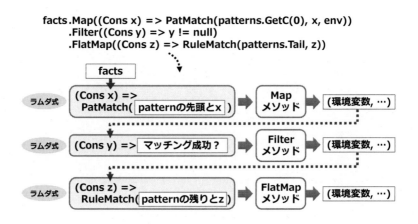

図 5-11　RuleMatch メソッドの関数型プログラミングスタイルによる処理

　RuleMatch で得られた環境変数から，NewFacts メソッドよって新事実生成を試みます。NewFacts は，ルールのアクション部に対し ApplyEnv メソッドによって環境変数の値を適用して事実を生成します。なお，アクション部に結論が複数あっても対応可能です。

❏ 前向き推論プログラム事例

　リスト 5-2 およびリスト 5-3 は，前向き推論を実行する 2 種類の実例です。プログラムは，ルールと事実のデータ設定と前向き推論エンジンの呼び出しで構成されます。InferenceEngineForwardApp をプロジェクト参照に追加することで，前節のプロジェクトから InferenceEngineForward クラスを参照しています。

130　第 5 章　推論と知識ベース

ソリューション：ex05, プロジェクト：ForwardChain1App, コンソール アプリ

リスト 5-2　Program.cs　前向き推論実行プログラム（その 1）

```csharp
using InferenceEngineForwardApp;
                    // 参照の追加→プロジェクト→InferenceEngineForwardApp
using System;

namespace ForwardChain1App
{
  class Program
  {
    static void Main(string[] args)
    {
      string[][] ruleData = {
        new string[] {
          "$x parent $y",           // xの親はyである
          "$y is-a $z",             // yはzである
          "->",                     // ならば
          "$x is-a $z"              // xはzである
        },
        new string[] {
          "$x has claws",           // xは鋭い爪を持つ
          "$x has forward_eyes",    // xは目が正面についている
          "->",                     // ならば
          "$x is-a carnivore"       // xは肉食動物である
        },
        new string[] {
          "$x is-a carnivore",      // xは肉食動物である
          "$x has black_stripes",   // xは黒い縞を持つ
          "$x says gaooooo",        // xはガオーと鳴く
          "->",                     // ならば
          "$x is-a tiger"           // xはトラである
        },
        new string[] {
          "$x is-a carnivore",      // xは肉食動物である
          "$x has black_stripes",   // xは黒い縞を持つ
          "$x says nyaa",           // xはニャーと鳴く
          "->",                     // ならば
          "$x is-a tabby"           // xはトラネコである
        }
      };
      string[] factData = {
        "momo has claws",
        "momo has forward_eyes",
```

```
            "momo has black_stripes",
            "momo says nyaa",
            "mimi parent momo"
        };
        // 前向き推論実行
        new InferenceEngineForward().Forward(ruleData, factData);
        Console.ReadKey();
    }
  }
}
```

実行結果

```
--- 生成された事実 ------------------------
(("momo", "is-a", "carnivore"))    … momoは肉食動物である
(("mimi", "is-a", "carnivore"))    … mimiはmomoの子なので肉食動物である
(("momo", "is-a", "tabby"))        … momoはトラネコでもある
(("mimi", "is-a", "tabby"))        … 同様にトラネコである
```

ソリューション：ex05，プロジェクト：ForwardChain2App，コンソール アプリ

リスト5-3　Program.cs 前向き推論実行プログラム（その2）

```
using InferenceEngineForwardApp;
                // 参照の追加→プロジェクト→InferenceEngineForwardApp
using System;

namespace ForwardChain2App
{
  class Program
  {
    static void Main(string[] args)
    {
      string[][] ruleData = {
        new string[] {
          "$x は $y である",
          "$y は $z である",
          "->",
          "$x は $z である"
        },
        new string[] {
          "$x は 羽 を持つ",
          "->",
          "$x は 鳥 である"
        }
```

```
      };
      string[] factData = {
        "ピヨ は 羽 を持つ",
        "鳥 は 動物 である"
      };
      // 前向き推論実行
      new InferenceEngineForward().Forward(ruleData, factData);
      Console.ReadKey();
    }
  }
}
```

実行結果

```
--- 生成された事実 ------------------------
(("ピヨ", "は", "鳥", "である"))        … 羽を持つので鳥である
(("ピヨ", "は", "動物", "である"))      … 鳥は動物なのでピヨも動物である
```

5.3　後ろ向き推論

❏ 後ろ向き推論エンジンプログラム

　リスト 5-4 は後ろ向き推論エンジンのプログラムです。これは前向き推論エンジンを基にクラスを派生させています。

ソリューション：ex05，プロジェクト：InferenceEngineBackwardApp，コンソール アプリ
リスト 5-4　Program.cs　後ろ向き推論エンジンプログラム

```
using my.Cons;              // 参照の追加→参照→Cons.dll
using InferenceEngineForwardApp;
                            // 〃 →プロジェクト→InferenceEngineForwardApp
using System;

namespace InferenceEngineBackwardApp
{
  class Program
  {
    static void Main(string[] args)
    {
```

5.3 後ろ向き推論　133

```
    string[][] ruleData = {           // ルール
      new string[] {
        "$x are mammals",             // x は哺乳類である
        "mammals have lungs",         // 哺乳類は肺を持つ
        "=>",                         // ならば
        "$x have lungs"               // x は肺を持つ
      }
    };

    string[] factData = {             // 事実
      "mammals have lungs",           // 哺乳類は肺を持つ
      "whales are mammals"            // クジラは哺乳類である
    };

    // 後ろ向き推論動作テスト
    new InferenceEngineBackward().Backward(ruleData, factData,
                  new String[] { "whales", "have", "$what" });
    Console.ReadKey();
  }
}

// 後ろ向き推論エンジンクラス（前向き推論エンジンクラスを継承）
public class InferenceEngineBackward : InferenceEngineForward
{
  // パターンマッチ（p1, p2両方に変数可）
  Cons PatMatchDual(Cons p1, Cons p2, Cons env, Cons sol)
  {
    // 両方が空ならマッチング成功
    if (p1 == Cons.Nil && p2 == Cons.Nil) return Cons.Of(env,sol);
    // どちらか空なら失敗
    else if (p1==Cons.Nil || p2==Cons.Nil) return Cons.Of(null,null);
    else {
      var a = p1.GetS(0);
      var b = p2.GetS(0);
      var aa = p1.Tail;
      var bb = p2.Tail;
      if (b[0] == '$') {              // p2側に変数がある場合
        var val = GetEnv(sol, b);     // 解答変数を参照
        if (val != null) {            // 解答に存在すれば値を取り出し比較
          return a.Equals(val) ? PatMatchDual(aa,bb,env,sol) : null;
        } else {                      // 解答に存在しなければ追加
          return PatMatchDual(aa,bb,env,new Cons(Cons.Of(b,a),sol));
        }
      } else if (a[0] == '$') {       // p1側に変数がある場合
```

```
          var val = GetEnv(env, b);    // 環境変数を参照
          if (val != null) {           // 環境に存在すれば値を取り出し比較
            return b.Equals(val) ? PatMatchDual(aa,bb,env,sol) : null;
          } else {                     // 環境に存在しなければ追加
            return PatMatchDual(aa,bb,new Cons(Cons.Of(a,b),env),sol);
          }
        } else if (a.Equals(b))
          return PatMatchDual(aa, bb, env, sol); // 文字列比較
        else return Cons.Of(null, null);
    }
  }

  Cons ActionMatch(Cons actions, Cons pat, Cons env, Cons sol)
  {
    if (actions == Cons.Nil) return Cons.Of(null, null);
    else {    // patMatchDualの結果を返す，nullならactionMatchの値を返す
      var ret = PatMatchDual(actions.GetC(0), pat, env, sol);
      return !ret.Equals(Cons.Of(null, null)) ? ret
                   : ActionMatch(actions.Tail, pat, env, sol);
    }
  }

  Cons ApplyVal(Cons sol, Cons env)
  {
    // 解答変数の値が変数名ならenvから値を取得して置き換える
    return sol.Map((Cons s) => s.GetS(1)[0] == '$' ?
             Cons.Of(s.GetS(0), GetEnv(env, s.GetS(1))) : s);
  }

  Cons DeduceFact(Cons pat, Cons pSet, Cons env)    // 事実が導けるか
  {
    var sols = Cons.Nil;         // 解答変数のリスト
    sols = rules.FlatMap((Cons r) => {
      var conds = r.GetC(0);
      var acts = r.GetC(1);      // ruleから条件部とアクション部を取り出す
      var ret = ActionMatch(acts, pat, Cons.Nil, Cons.Nil);
                                 // アクション部とマッチ試す
      var env1 = ret.GetC(0);
      var var1 = ret.GetC(1);
      if (env1 != null && var1 != null &&
        !(env1.Equals(Cons.Of(null, null)) &&
          var1.Equals(Cons.Of(null, null)))) {
        // マッチすれば条件部に対してさらに後ろ向き推論
        return BackwardMatch(conds.Map((Cons x) => ApplyEnv(x, env1)),
                     pSet, Cons.Nil)
```

```
          .Map((Cons y) => ApplyVal(var1.Append(env), y))
          .Map((Cons z) => ApplyVal(z, env1));
    } else return Cons.Nil;
  });
  return sols;
}

Cons BackwardMatch1(Cons pat, Cons pSet, Cons env)
{
  if (pSet.Contains(pat)) return Cons.Nil;  // 同じルールでのループ防止
  var pat1 = ApplyEnv(pat, env);            // 環境変数を適用しておく
  // 事実が存在するか調べる
  var sols1 = facts.Map((Cons x) => PatMatch(pat1, x, env))
                   .Filter((Cons y) => y != null);
  // 事実が導けるか調べる
  var sols2 = DeduceFact(pat1, pSet.Add(pat1), env);
  return sols1.Append(sols2);               // それらの解を連結
}

Cons BackwardMatch(Cons patterns, Cons pSet, Cons env)
{
  if (patterns == Cons.Nil) return Cons.Of(env);
  var pat = patterns.GetC(0);
  var Tail = patterns.Tail;
  // 1つのパターン（質問）に対して後ろ向き推論
  return BackwardMatch1(pat, pSet, env).FlatMap((Cons x) =>
        BackwardMatch(Tail, pSet, x));      // 残りパターンも後ろ向き推論
}

public void Backward(string[][] rulestring, string[] factstring,
                    string[] s)             // 後ろ向き推論実行
{
  Console.WriteLine("--- 質問 --------------------------------");
  Console.WriteLine(Cons.FromArray(s).MkString(" "));
  rules = RuleReader(rulestring);
  facts = FactReader(factstring);
  var patterns = Cons.Of(Cons.FromArray(s));
  var solutions = BackwardMatch(patterns, Cons.Nil, Cons.Nil);
  Console.WriteLine();

  Console.WriteLine("--- 導き出された解 ------------------------");
  solutions.Foreach((Cons x) => x.Println());
  Console.WriteLine("--- 導き出された事実 ----------------------");
  solutions.Foreach((Cons x) => patterns.Foreach((Cons y) =>
                                ApplyEnv(y, x).Println()));
```

```
      }
    }
}
```

実行結果

```
--- 質問 ------------------------
whales have $what                          … クジラは何を持つか？

--- 導き出された解 ------------------
(("$what", "lungs"))                       … 変数 $what の解は「肺」
--- 導き出された事実 ----------------
("whales", "have", "lungs")                … クジラは肺を持つ
```

　後ろ向き推論プログラムでは，質問が真となるための事実を導き出します。質問に変数が含まれていれば，変数の解が推論されます。前向き推論が導出可能なあらゆる事実を生成するのに対し，後ろ向き推論は質問の解答をピンポイントで導出します。後ろ向き推論エンジンの `InferenceEngineBackward` クラスでは，前向き推論エンジンの `InferenceEngineForward` クラスから，`RuleReader`，`FactReader`，`GetEnv`，`PatMatch`，`ApplyEnv` の各メソッドを継承しています。

　今，図 5-12 のようなルールと事実のデータに対する質問があったとします。後ろ向き推論のメインメソッド `BackwardMatch` は，質問に対して下請けメソッドの `BackwardMatch1` を呼び出して調べます。

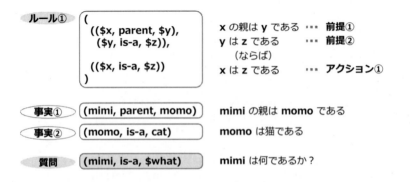

図 5-12　後ろ向き推論のデータ例

5.3 後ろ向き推論

BackwardMatch1 では，まず，質問にマッチする事実がないか調べ，さらに DeduceFact メソッドを呼び出して，ルールから事実が導けないか推論します。DeduceFact では，ActionMatch メソッドによって，全アクション部と質問を照合します。これは前向き推論とは逆方向の処理となり，図 5-13 のように，ルール①のアクション部と質問に対し，パターンマッチングを実施します。

図 5-13　後ろ向き推論のパターンマッチング例(1)

後ろ向き推論におけるパターンマッチングメソッド PatMatchDual は，前向き推論の PatMatch を拡張したものであり，新たに，照合対象であるパターンの両方に変数を含むパターンマッチングができます。ルールのアクション部と質問をパターンマッチングさせる際，両方のパターンに変数を含む場合があるため，PatMatchDual が必要となります。

図 5-14 では，ルール①のアクション部（パターン 1）と質問（パターン 2）のマッチング例です。引数 env は環境変数であり，パターン 1 側に出現した変数の値です。また，引数 sol は解答変数であり，パターン 2 側に出現した変数の値です。最終的に PatMatchDual は(環境変数,解答変数)を返します。この例では，$what の解は変数$z です。解が変数なのでまだ解決したことにはなりません。さらに$z の値が何であるかを突き止めることで，$what の解が値として判明します。

DeduceFact メソッドでは，検証すべき事実（検証事実）が導けるか調べます。まず，ActionMatch を使用してアクション部と検証事実がマッチするか調べ，マッチしたら，ルールの前提部に対して後ろ向き推論を実施します。先の図 5-13 のようにして，ルール①のアクション部にマッチングが成功すれば，今度は図 5-15 のように，ルール①の前提部に対し，再帰的に後ろ向き推論を実施します。

138　第 5 章　推論と知識ベース

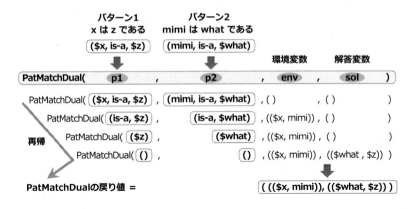

図 5-14　PatMatchDual メソッドの再帰的パターンマッチング処理

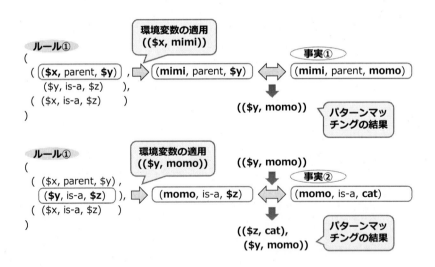

図 5-15　後ろ向き推論のパターンマッチング例(2)

　このとき，アクション部のマッチングで得られた環境変数を使い，あらかじめルールの前提部の変数を値に置換しておきます。こうして，ルール内のパターンマッチングにおける文脈を受け継ぎます。各前提部の後ろ向き推論では，`BackwardMatch1` メソッドによって，まず事実とマッチするか調べます。事実には変数が含まれていないので，この場合のパターンマッチングは前向き推論の

PatMatch を使用します．結果として，環境変数(($z,cat), ($y,momo))が得られます．$what の解は$z であったので，ここで$z は cat であることが判明し，ゆえに$what の解 cat が得られます．

　ところで，DeduceFact の引数には，一連のパターンマッチングによる環境変数 env，そして，後ろ向き推論が堂々巡りにならないように，検証済み事実を保持するリストである pSet を与えます．後ろ向き推論のメインメソッドである BackwardMatch は，複数のパターンを検証します．また，その下請けメソッドの BackwardMatch1 は，1 個のパターンを検証します．BackwardMatch1 では，pSet 内にこれから調べるパターンがないか Cons クラスの Contains メソッドでチェックすることで，無限再帰ループを回避します．BackwardMatch1 では，DeduceFact を呼び出す前に，調べるパターンを Cons クラスの add メソッドで，pSet に追加しています．こうすることで，BackwardMatch → BackwardMatch1 → DeduceFact → BackwardMatch → …という複数メソッドに渡る再帰呼び出しの無限ループを回避します．このような無限ループに陥る状況としては，「x は y である，y は z である → x は z である」といった，前提部とアクション部に同様のパターンが含まれるルールが挙げられます．

❏ 後ろ向き推論プログラム事例

　リスト 5-5 およびリスト 5-6，後ろ向き推論を実行する 2 種類の実例です．InferenceEngineBackwardApp をプロジェクト参照に追加しています．

ソリューション：ex05, プロジェクト：BackwardChain1App, コンソール アプリ

リスト 5-5　Program.cs　後ろ向き推論実行プログラム（その 1）

```
using InferenceEngineBackwardApp;
                // 参照の追加→プロジェクト→InferenceEngineBackwardApp
using System;

namespace BackwardChain1App
{
  class Program
  {
    static void Main(string[] args)
    {
```

```csharp
      string[][] ruleData = {
        new string[] {
          "$x parent $y",           // xの親はyである
          "$y is-a $z",             // yはzである
          "->",                     // ならば
          "$x is-a $z"              // xはzである
        },
        new string[] {
          "$x has claws",           // xは鋭い爪を持つ
          "$x has forward_eyes",    // xは目が正面についている
          "->",                     // ならば
          "$x is-a carnivore"       // xは肉食動物である
        },
        new string[] {
          "$x is-a carnivore",      // xは肉食動物である
          "$x has black_stripes",   // xは黒い縞を持つ
          "$x says gaooooo",        // xはガオーと鳴く
          "->",                     // ならば
          "$x is-a tiger  "         // xはトラである
        },
        new string[] {
          "$x is-a carnivore",      // xは肉食動物である
          "$x has black_stripes",   // xは黒い縞を持つ
          "$x says nyaa",           // xはニャーと鳴く
          "->",                     // ならば
          "$x is-a tabby"           // xはトラネコである
        }};
      string[] factData = {
        "momo has claws",
        "momo has forward_eyes",
        "momo has black_stripes",
        "momo says nyaa",
        "mimi parent momo"
      };
      // 後ろ向き推論実行
      new InferenceEngineBackward().Backward(ruleData, factData,
                  new string[] { "$who", "is-a", "$animal" });
      Console.ReadKey();
    }
  }
}
```

5.3 後ろ向き推論   141

実行結果

```
--- 質問 ---------------------------------
$who is-a $animal              … 何々は何々であるという結論を推論

--- 導き出された解 ----------------------
(("$animal", "carnivore"), ("$who", "mimi"))
(("$animal", "tabby"), ("$who", "mimi"))
(("$animal", "carnivore"), ("$who", "momo"))
(("$animal", "tabby"), ("$who", "momo"))
--- 導き出された事実 --------------------
("mimi", "is-a", "carnivore")      … mimiは肉食動物である
("mimi", "is-a", "tabby")          … mimiはトラネコでもある
("momo", "is-a", "carnivore")      … momoも肉食動物である
("momo", "is-a", "tabby")          … momoはトラネコでもある
```

ソリューション：ex05, プロジェクト：BackwardChain2App, コンソール アプリ

リスト 5-6　Program.cs　後ろ向き推論実行プログラム（その 2）

```csharp
using InferenceEngineBackwardApp;
                // 参照の追加→プロジェクト→InferenceEngineBackwardApp
using System;

namespace BackwardChain2App
{
  class Program
  {
    static void Main(string[] args)
    {
      string[][] ruleData = {
        new string[] {
          "$x は $y である",
          "$y は $z である",
          "->",
          "$x は $z である"
        },
        new string[] {
          "$x は 羽 を持つ",
          "->",
          "$x は 鳥 である"
        }};
      string[] factData = {
        "ピヨ は 羽 を持つ",
        "鳥 は 動物 である"
```

```
        };
        // 後ろ向き推論実行
        new InferenceEngineBackward().Backward(ruleData, factData,
                    new string[] { "ピヨ", "は", "$何", "である" });
        Console.ReadKey();
    }
  }
}
```

実行結果

```
--- 質問 --------------------------------
ピヨ は $何 である                      … ピヨは何々であるかを推論

--- 導き出された解 ------------------------
(("$何", "動物"))
(("$何", "鳥"))
--- 導き出された事実 ----------------------
("ピヨ", "は", "動物", "である")
("ピヨ", "は", "鳥", "である")
```

1つ目の推論例では次の質問を与えて，誰（$who）が何（$animal）かを推論します。変数$whoと$animalの解として4つの解答の組み合わせが得られます。

```
質問      $who is-a $animal
推論結果
解答1     $who -> mimi, $animal -> carnivore    … mimi は肉食動物である
解答2     $who -> mimi, $animal -> tabby        … mimi はトラネコである
解答3     $who -> momo, $animal -> carnivore    … momo は肉食動物である
解答4     $who -> momo, $animal -> tabby        … momo はトラネコである
```

2つ目の推論例では次の質問を与えて，ピヨが何であるかを推論します。実行結果では2つの解答の組み合わせが得られ，鳥であり動物であることが導かれます。

```
質問      ピヨ は $何 である
推論結果
解答1     $何 -> 動物                           … ピヨは動物である
解答2     $何 -> 鳥                             … ピヨは鳥である
```

第 6 章　人工生命と NPC

6.1　ランダムな動き

❏ 移動方向と方向転換のランダム決定

　ゲーム AI は，敵キャラクタの自律的な動作と知的な振る舞いを模倣することで，あたかも考えて行動しているように見せて，ゲームをより面白いものにします。さらに，敵以外のたくさんのキャラクタも，個々に自律行動しているように見せることで実世界のようなリアリティを演出します。

　自律動作の手法として，ボイド(Boids)は人工生命(Artificial Life, Alife)による簡単な自律動作によって知的行動を模倣したプログラム手法です。ここではボイドを作成する前に，グラフィックスやキャラクタ移動処理の基礎部分を作成しておきます。

　ゲーム要素の自律的な動きには，コンピュータ処理のランダム機能が用いられることが多く，ランダムは一般的に 0.0 ≦ x < 1.0 の範囲の実数値を生成する疑似乱数生成機能です。これを使った移動方法には，ランダムな移動方向とランダムな方向転換が考えられます。これらの違いを見てみましょう。

　図 6-1 のランダム移動方向は，繰り返し処理の中で毎回ランダムに 8 方向（停止も含めると 9 通り）に位置を変更します。一見これでよさそうに思えますが，実際に動作させてみると一か所で振動するような動き方になります。これはランダム移動量の -1，0，1 がほぼ同じ確率で生成されるため，平均的に 0 になってしまい，その位置から大きく移動できない動きとなります。

　一方，図 6-2 のランダム方向転換は，現在の移動方向に一直線に連続して進んでいき，条件によってランダムに方向を変更します。dx は横方向の移動量であり，この値を変更しなければ横方向の動きはずっと同じままです。そして，ある条件が成立すれば dx を再計算するようにします。縦方向の移動量 dy についても同様に計算します。このとき，条件成立の頻度（確率）を低くすると，より長距離を連

続移動するようになります。

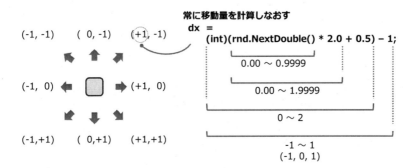

図 6-1 ランダムな移動方向

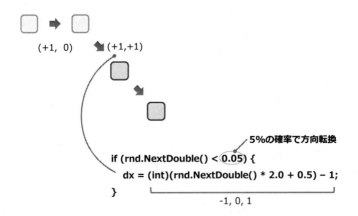

図 6-2 ランダムな方向転換

❏ ランダム移動方向プログラム

リスト 6-1 はランダム移動方向プログラムです。グラフィックウィンドウを作成し，30 個のキャラクタをランダムに動かします。

6.1 ランダムな動き　145

ソリューション：ex06，プロジェクト：BoidApp, Windows フォーム アプリケーション
リスト 6-1　Form1.cs　ランダム移動方向プログラム

```csharp
using System;
using System.Drawing;
using System.Threading;
using System.Threading.Tasks;
using System.Windows.Forms;

namespace BoidApp
{
  public partial class Form1 : Form
  {
    public Boid[] boids;              // 全個体
    Task task;                        // Boid動作スレッド
    bool active = true;               // スレッド継続フラグ
    bool updating = false;            // 位置更新中フラグ

    public Form1()
    {
      InitializeComponent();
    }

    protected virtual void Init()        // 個体の初期化
    {
      var count = 30;                 // 個体数
      var range = 100;                // 個体発生位置範囲
      boids = new Boid[count];
      for (var i = 0; i < count; i++) {
        boids[i] = new Boid(range, this);
      }
    }

    private void Form1_Load(object sender, EventArgs e)
    {
      ClientSize = new Size(600, 600);
      DoubleBuffered = true;

      Init();

      task = Task.Run(() => {          // 別のスレッドで動作させる
        while (active) {
          updating = true;             // 位置更新開始
          foreach (var b in boids) {
            b.MoveDecide();            // 移動量決定
```

```csharp
          b.Move();            // 移動位置計算
        }
        updating = false;       // 位置更新収容
        Invalidate();           // 再描画の要請
        Thread.Sleep(10);       // 速度調整
      }
    });
  }

  private void Form1_FormClosing(object sender, FormClosingEventArgs e)
  {
    active = false;       // スレッド終了指示
    task.Wait();          // スレッド終了待ち
  }

  private void Form1_Paint(object sender, PaintEventArgs e)
  {
    if (updating) return;         // 位置更新中は描画しない
    var g = e.Graphics;
    foreach (var b in boids) {
      b.Draw(g);
    }
  }
}

// Boid個体クラス
public class Boid
{
  public double dx, dy;
  public double x, y;
  protected static Random rnd = new Random(); // ランダムジェネレータ
  protected Form1 frm;
  static Brush br = new SolidBrush(Color.Black);

  public Boid(int range, Form1 frm)
  {
    this.frm = frm;
    x = (int)(frm.ClientSize.Width/2 + range*(rnd.NextDouble()-0.5));
    y = (int)(frm.ClientSize.Height/2 + range*(rnd.NextDouble()-0.5));
  }

  public virtual void MoveDecide()        // 常にランダムな方向に移動
  {
    dx = (int)(rnd.NextDouble() * 2.0 + 0.5) - 1;
    dy = (int)(rnd.NextDouble() * 2.0 + 0.5) - 1;
```

```csharp
    }

    public void Move()                          // 移動させ壁なら方向転換
    {
        x += dx; y += dy;
        if (x < 0 || x >= frm.ClientSize.Width) {
            dx = -dx; x += dx * 2;
        }
        if (y < 0 || y >= frm.ClientSize.Height) {
            dy = -dy; y += dy * 2;
        }
    }

    public void Draw(Graphics g)                // Boidを描く
    {
        g.FillRectangle(br, new Rectangle((int)x-5, (int)y-5, 10, 10));
    }
  }
}
```

　このプログラムは，マルチスレッドで動作します。図 6-3 のように，Task.Run メソッドで移動計算スレッドが生成され，スレッドでは一定時間おきに全 Boid オブジェクトの移動，再描画要請，一定時間停止をループ処理で繰り返します。ループは active フラグが true の間続けますが，フォームを閉じる際には Form1_FormClosing イベントハンドラにおいて，この active フラグは false になるので移動計算スレッドはループを抜けて終了します。

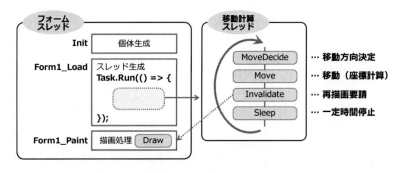

図 6-3　マルチスレッドによる位置計算と描画

移動計算スレッド内では Thread.Sleep(10) によっておおよそ 10ms 停止させています。この停止によってループのタイミング，つまり Boid の速度調整をしているわけです。この処理はフォームとは別スレッドなので，処理を停止してもプログラムが応答しなくなることはありません。また，Sleep 中は CPU 能力を消費しないので処理効率も良いです。このようにフォーム描画と移動計算を別のスレッドで動作させることで，複雑な処理内容に発展してもスムーズな動作と効率よい CPU 利用ができます。

図 6-4 はランダム移動方向プログラムを実行させたウィンドウ画面です。

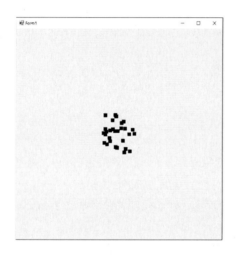

図 6-4　ランダム移動方向プログラムの実行結果

MoveDecide メソッドでのランダム移動方向の決定は，次のように現在座標に対する移動量 dx，dy を -1,0,1 にランダムに決定します。この方法では，移動量は平均的に 0 になるのでキャラクタは大きく移動せず，例えるなら振動する微生物のような動き方になります。

```
dx = (int)(rnd.NextDouble() * 2.0 + 0.5) - 1;
dy = (int)(rnd.NextDouble() * 2.0 + 0.5) - 1;
```

❏ ランダム方向転換プログラム

リスト 6-2 はランダム方向転換プログラムです。これはランダム移動方向プログラムをベースに，Boid クラスを継承する Boid1 クラスを作成します。

ソリューション：ex06，プロジェクト：BoidApp1, Windows フォーム アプリケーション
リスト 6-2　Form1.cs　ランダム方向転換プログラム

```
using BoidApp;              // 参照の追加→プロジェクト→BoidApp

namespace BoidApp1
{
  public partial class Form1 : BoidApp.Form1 // BoidApp.Form1から継承
  {
    protected override void Init()           // 個体の初期化
    {
      var count = 30;       // 個体数
      var range = 100;      // 個体発生位置範囲
      boids = new Boid1[count];
      for (var i = 0; i < count; i++) {
        boids[i] = new Boid1(range, this);
      }
    }

    // Boid1個体クラス
    public class Boid1 : Boid   // Boidから派生
    {
      public Boid1(int range, Form1 frm) : base(range, frm)
      {
      }

      public override void MoveDecide()    // 一定の確率でランダムに方向転換
      {
        if (rnd.NextDouble() < 0.05)
          dx = (int)(rnd.NextDouble() * 2.0 + 0.5) - 1;
        if (rnd.NextDouble() < 0.05)
          dy = (int)(rnd.NextDouble() * 2.0 + 0.5) - 1;
      }
    }
  }
}
```

フォームを生成する `Form1` クラスは `BoidApp.Form1` から継承し，ボイド生成処理の `Init` メソッドをオーバーライドし，その中で `Boid` クラスの代わりに移動方法の異なる `Boid1` クラスを使って個体を生成しています．また `Boid1` クラスは基本機能を `Boid` クラスから継承しており，移動方向を決定する `MoveDecide` メソッドをオーバーライドしています．

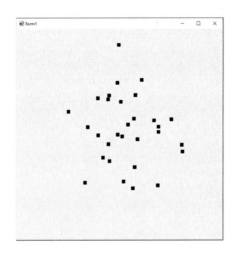

図 6-5　ランダム方向転換プログラムの実行結果

図 6-5 はランダム方向転換プログラムを実行させたウィンドウ画面です．今度の実行結果では，各個体が虫のように広範囲に移動しています．

移動量 `dx`，`dy` は，次のように 5% (`0.05`) の確率で再計算し，それ以外は `dx`，`dy` が変更されないため移動方向を維持する処理になっています．

```
if (rnd.NextDouble() < 0.05) dx = (int)(rnd.NextDouble() * 2.0 + 0.5) - 1;
if (rnd.NextDouble() < 0.05) dy = (int)(rnd.NextDouble() * 2.0 + 0.5) - 1;
```

6.2 Boidアルゴリズム

❏ 群れのルール

ボイド（Boids）アルゴリズムはCraig Raynoldsによって考案された「群れ」の行動を模倣する人工生命シミュレーションです。このアルゴリズムをベースとして，ゲームや映画などのCG映像にも人工生命が活用されています。

群れの動きを作るためには，各個体による独立した移動ではなく，他の個体の状況に合わせて移動量を計算していきます。この計算は次のような群れのルールによって構成され，図6-6のような群れの動き方を制御します。

①結合（Cohesion）　…　群れの中心に向かう
②分離（Separation）　…　ぶつからないよう距離をとる
③整列（Alignment）　…　群れと同じ方向と速度に合わせる

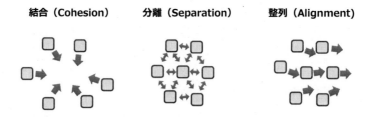

図6-6　群れの移動ルール

群れの動作は，まず「結合」によって群れが中心部に集合するようになります。このままでは1か所にかたまって衝突状態になるので，次に「分離」によって各個体が衝突しないように一定距離を保つようにします。これで衝突せずに近くに集まることができますが，密集した状態で個々が無秩序に動き続ける状態となります。群れとして一定方向に向かっていく秩序ある群れ移動にするために，次に「整列」によって群れ全体の移動方向と速度に近づけることで，群れがひとかたまりで同じ方向に移動していくことになります。

❏ Boid プログラム

リスト 6-3 は Boid プログラムです。ランダム移動方向の Boid クラスをもとに群れの機能を実装した Boid2 クラスを作成します。

ソリューション：ex06，プロジェクト：BoidApp2，Windows フォーム アプリケーション
リスト 6-3　Form1.cs　Boid プログラム

```csharp
using BoidApp;            // 参照の追加→プロジェクト→BoidApp
using System;

namespace BoidApp2
{
  public partial class Form1 : BoidApp.Form1  // BoidApp.Form1から継承
  {
    protected override void Init()            // 個体の初期化
    {
      var count = 30;              // 個体数
      var range = 100;             // 個体発生位置範囲
      boids = new Boid2[count];
      for (var i = 0; i < count; i++) {
        boids[i] = new Boid2(range, this);
      }
    }
  }

  // Boid2個体クラス
  public class Boid2 : Boid       // Boidから派生
  {
    static double chohesionRate = 0.01;   //結合パラメータ(中心に向かう強さ)
    static double separationDis = 25;     //分離パラメータ(ぶつからない距離)
    static double alignmentRate = 0.5;    //整列パラメータ(同じ方向に向かう強さ)
    static int speedLimit       = 8;      //速度調整用

    public Boid2(int range, Form1 frm) : base(range, frm)
    {
    }

    public override void MoveDecide()    // 移動量決定処理を置き換える
    {
      Chohesion();            // 結合(群れの中心に向かう)
      Separation();           // 分離(ぶつからないよう距離をとる)
```

```
      Alignment();             // 整列（群れと同じ方向と速度に合わせる）
      var rate = Math.Sqrt(dx*dx + dy*dy) / speedLimit;
      if (rate > 1.0) {         // 速度制限
        dx /= rate; dy /= rate;
      }
    }

    void Chohesion()            // 結合（群れの中心に向かう）
    {
      var cx = 0.0;
      var cy = 0.0;
      foreach (var b in frm.boids) { cx += b.x; cy += b.y; }
      var n = frm.boids.Length;
      cx /= n; cy /= n;
      dx += (cx - x) * chohesionRate;
      dy += (cy - y) * chohesionRate;
    }

    void Separation()           // 分離（ぶつからないよう距離をとる）
    {
      foreach (var b in frm.boids) {
        if (b != this) {
          var ax = b.x - x;
          var ay = b.y - y;
          var dis = Math.Sqrt(ax*ax + ay*ay);
          if (dis < separationDis) {
            dx -= ax; dy -= ay;
          }
        }
      }
    }

    void Alignment()            // 整列（群れと同じ方向と速度に合わせる）
    {
      var ax = 0.0;
      var ay = 0.0;
      foreach (var b in frm.boids) { ax += b.dx; ay += b.dy; }
      var n = frm.boids.Length;
      ax /= n; ay /= n;
      dx += (ax - dx) * alignmentRate;
      dy += (ay - dy) * alignmentRate;
    }
  }
}
```

154　第 6 章　人工生命と NPC

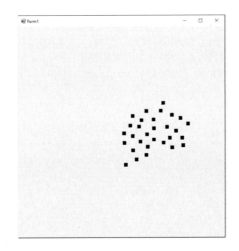

図 6-7　Boid プログラムの実行結果

　図 6-7 は Boid プログラムを実行させたウィンドウ画面です。群れのルールによって，鳥や魚の群れのように全個体が秩序を保って移動しています。
　群れ機能を持つ個体である Boid2 クラスでは，群れ移動のための各種パラメータ用の static 変数を用意し，各個体から共通に参照できるようにします。また，移動方向を決定する MoveDecide メソッドにおいて，群れ移動を構成する Chohesion, Separation, Alignment メソッドを呼び出して移動量を計算します。
　Chohesion（結合）メソッドは，全個体の座標合計値を個体数で割った平均計算によって群れの中心座標を求めます。自分と中心との差に結合パラメータ chohesionRate を掛けた値を dx, dy に加えることで，差が大きく離れているほど移動量 dx, dy の修正量が大きくなり中心に近づいていきます。
　Separation（分離）メソッドは，自分以外の全個体に対して直線距離を計算し，一定距離以内に接近している個体がいれば，それから離れるように dx, dy を修正します。これによって個体どうし一定距離が保たれるようになります。
　Alignment（整列）メソッドは，全個体の移動量の平均計算によって群れ全体の平均移動量つまり方向ベクトルを求め，それに近づけるように dx, dy を修正します。これで各個体が群れの平均的な移動方向と速度に合わせるようになります。
　さらに 3 つのルールの移動量修正によって dx, dy が大きすぎる値になった場合，変数 speedLimit を用いて速度が不自然に速くならないよう調整しています。

6.3 ノンプレイヤーキャラクタとゲームスレッド

❏ ゲームの構成

　キャラクタを自律移動させるゲームのしくみを見ていきましょう。ここでは，図6-8のようなグラフィックスウィンドウを使ったゲームを題材にします。

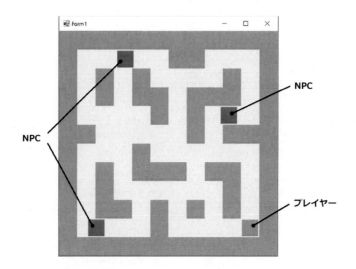

図6-8　ゲームのウィンドウ

　ゲームの構成要素は，壁や道を表す四角いユニット（マス）で構成されるマップ情報，マップの中を移動するプレイヤーと複数のノンプレイヤーキャラクタ（Non Player Character，NPC）です。プレイヤーはキーボード操作による移動，NPCはランダム方向転換で移動し，全キャラクタは衝突判定を行います。このゲームは，攻撃や勝敗処理などのゲームとして必要ないくつかの機能は実装していません。まだ基礎的な実験バージョンといったところです。

　図6-9はゲームを構成するクラスを表したものです。ゲームプログラムのメイン処理であり各要素生成などの初期化やグラフィックス描画およびキャラクタの

移動計算スレッド処理を行う Game クラス、マップ情報生成用の GameMap クラス、様々な種類のキャラクタの共通機能を実装する GameElem クラス、そして GameElem から派生させた Wall（壁）クラス、Player クラス、Alien（NPC）クラスで構成されています。

これらは次章において、Player, Alien に機能を追加していくにあたり、さらにその派生クラスを作り、それら以外のキャラクタのクラスも追加していきます。このようにオブジェクト指向設計によってクラスを活用し、プログラミングを発展させていくことにします。

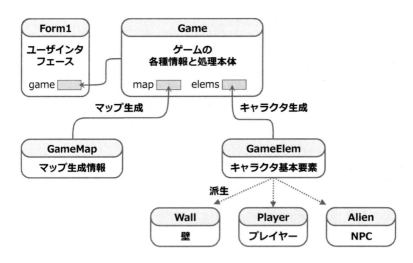

図 6-9　ゲームを構成するクラス

❏ ゲームのフォームプログラム

本ゲームプログラムは複数のソースファイルで構成されています。そのメイン処理であるフォーム部分がリスト 6-4 です。

ソリューション：ex06, プロジェクト：GameApp, Windows フォーム アプリケーション
リスト 6-4　Form1.cs　ゲームプログラム・フォーム部分

```
using System;
```

```csharp
using System.Windows.Forms;

namespace GameApp
{
  public partial class Form1 : Form
  {
    protected Game game;

    public Form1()
    {
      InitializeComponent();
    }

    protected virtual void Init()
    {
      game = new Game(this);
    }

    private void Form1_Load(object sender, EventArgs e)
    {
      Init();
      game.Run();
    }

    private void Form1_FormClosing(object sender, FormClosingEventArgs e)
    {
      game.End();
    }

    private void Form1_Paint(object sender, PaintEventArgs e)
    {
      game.Draw(e.Graphics);
    }

    protected override void OnPaintBackground(PaintEventArgs pevent)
    { // 背景クリアをしないようにするため（ちらつき防止，背景はgame内でクリアしている）
    }

    private void Form1_KeyDown(object sender, KeyEventArgs e)
    {
      game.keyCode = e.KeyCode;
    }

    private void Form1_KeyUp(object sender, KeyEventArgs e)
    {
      game.keyCode = 0;
```

```
    }
  }
}
```

　Form1 クラスでは，イベントハンドラとして Form1_Load, Form1_FormClosing, Form1_Paint, Form1_KeyDown, Form1_KeyUp を用意し，ゲーム本体を表す Game オブジェクトに指示をするような簡単な内容です。Game クラスは後で Game.cs として登場するプログラムであり，Init メソッドで Game クラスのオブジェクトを生成します。なお Init は，次章で再利用する予定なので virtual 宣言します。

❏ マップ構築クラス

　ゲームの部分プログラムとして，まずリスト 6-5 のマップ構築クラスを追加します。部分プログラムとは，それ単体では実行できないプログラムの部品（クラス定義）です。リスト 6-5 以降のプログラムは，プロジェクトに追加するクラスとして作成していきます。このマップ情報は文字列として用意し，壁，道，プレイヤー，NPC を記号（_#○@）で表します。MakeMap メソッドは文字表現のマップ情報を，整数値（0,1,2,3）の 2 次元配列に変換して扱いやすくします。

リスト 6-5　GameMap.cs　マップ構築クラス

```
namespace GameApp
{
  // ゲームマップオブジェクト
  public class GameMap
  {
    static int[,] map;
    static string mark = "_#○@";      // マーク(壁, 道, プレイヤー, NPC)
    static string[] mapData = {         // マップデータ
      "##############",
      "#@_____##___@#",
      "#_#__#_____#_#",
      "#_#__##_###__#",
      "#_____#_#____#",
      "##_____#_###",
      "#____#_____#",
      "#_#__###__##__#",
```

```
      "#_#_____#_#",
      "#_##_#_#_#_#",
      "#@_____#_____O#",
      "#############"
  };
  public static int r = mapData.Length;      // 行列サイズ
  public static int c = mapData[0].Length;

  static public int[,] MakeMap()             // マップ構築
  {
    map = new int[r, c];
    for (var i = 0; i < r; i++) {
      for (var j = 0; j < c; j++) {
        map[i, j] = mark.IndexOf(mapData[i][j]);
      }
    }
    return map;
  }
}
```

❏ キャラクタ基本要素クラス

リスト6-6のキャラクタ基本要素クラスを追加します。これは壁, プレイヤー, NPCなどのもととなるGameElemクラスとして, キャラクタに共通する情報や機能を用意しておきます。

リスト6-6 GameElem.cs キャラクタ基本要素クラス

```
using System.Drawing;

namespace GameApp
{
  // キャラクター基本要素クラス
  public  class GameElem
  {
    public Game game;
    public int typ, dir, x, y, r, c;     // 種類, 方向, 座標, 行, 列
    public bool reached = false;         // ユニットにぴったり到達したか

    public const int ROAD    = 0;        // 通路
    public const int WALL    = 1;        // 壁
```

```
    public const int PLAYER = 2;      // プレイヤー
    public const int ALIEN  = 3;      // 敵

    public GameElem(Game game)
    {
       this.game = game;
    }

    public void SetPos(int x1, int y1)        // 位置更新
    {
       x = x1; y = y1;
       r = y / game.uh; c = x / game.uw;
       reached = (y % game.uh == 0 && x % game.uw == 0);
    }

    public virtual void Draw(Graphics g) {}   // 描画処理
    public virtual void Move() {}             // 移動処理
}

// 壁のクラス
class Wall : GameElem
{
    static Brush br = new SolidBrush(Color.DarkGray);

    public Wall(Game game) : base(game)
    {
       typ = WALL;
    }

    public override void Draw(Graphics g)
    {
       g.FillRectangle(br, x, y, game.uw, game.uh);
    }
}
```

　キャラクタの基本要素である GameElem クラスは，図形構築，位置設定，移動，描画などの機能を持ち，1個のオブジェクトがキャラクタ要素1個分を表します。GameElem コンストラクタは，Game オブジェクトをいつでも参照できるよう引数として受け取ってフィールドに格納します。SetPos メソッドは，キャラクタの座標設定をします。また，ちょうど1マス分進んだかどうかの判定も行い reached フラグを設定しています。

キャラクタ描画処理の Draw メソッドと移動処理の Move メソッドは，キャラクタ種類によって処理が異なるため，まだ処理内容は決まっていません。これらは後に GameElem から派生させた各キャラクタのクラスに処理内容を実装する予定であり，それらのメソッドが存在していることだけを virtual 宣言しています。このプログラムでは，壁を表すキャラクタとして Wall クラスも GameElem から派生させています。Wall の Draw メソッドは GameElem の Draw をオーバーライドしており，処理内容は壁の 1 ユニットとしてグレーの四角形を塗りつぶします。

❏ プレイヤークラス

リスト 6-7 のプレイヤークラスを追加します。これはキャラクタ基本要素である GameElem を継承した Player クラスです。

リスト 6-7　Player.cs　プレイヤークラス

```
using System.Drawing;
using System.Windows.Forms;

namespace GameApp
{
  // プレイヤークラス
  public class Player : GameElem
  {
    Brush br = new SolidBrush(Color.CornflowerBlue);
    int lastDx = -1, lastDy = -1;

    public Player(Game game) : base(game)
    {
      typ = PLAYER;
    }

    public override void Draw(Graphics g)
    {
      g.FillRectangle(br, x+2, y+2, game.uw-4, game.uh-4);
    }

    public override void Move()
    {
      var dx = 0;
      var dy = 0;
```

```
            if (game.keyCode == 0) {              // キーが離された後の状態
              if (x % game.uw != 0 || y % game.uh != 0) { // 1マスの中間位置
                dx = lastDx;                      // 移動を継続
                dy = lastDy;
              } else {
                game.keyCode = 0;
                return;
              }
            } else {
              switch (game.keyCode) {             // 押されているキーに対する処理
                case Keys.Left:    dx = -1; break;
                case Keys.Right:   dx = 1;  break;
                case Keys.Up:      dy = -1; break;
                case Keys.Down:    dy = 1;  break;
                default: return;
              }
            }
            // 壁でなく他のキャラクタに衝突しなければ進む
            var x1 = x + dx;
            var y1 = y + dy;
            if (!game.IsWall(x1, y1) && game.GetCollision(this, x1, y1) == -1) {
              SetPos(x1, y1);
              lastDx = dx;
              lastDy = dy;
            }
          }
        }
      }
```

　Playerクラスでは Draw のほかにも Move メソッドをオーバーライドしています。移動処理はキーボードのカーソルキーで移動します。なお，キーが離されても1ユニット（1マス）分移動完了となるまで移動を継続し，中途半端なところで止まらないようにしています。このような移動制御によって曲がり角を曲がりやすくしています。なお，GameApp オブジェクトに対して使用している IsWall メソッドは移動先が壁かどうか判定し，GetCollision メソッドは移動先が他のキャラクタとの衝突を判定する機能で，後に出てくるゲームのクラスに実装します。

❏ 敵キャラクタ（NPC）クラス

　リスト 6-8 の敵キャラクタ（NPC）クラスを追加します。ここではキャラクタ基

6.3 ノンプレイヤーキャラクタとゲームスレッド　163

本要素である GameElem を継承した Alien クラスを作成します。

リスト 6-8　Alien.cs　NPC 生成プログラム

```
using System;
using System.Drawing;

namespace GameApp
{
  // NPCクラス
  public class Alien : GameElem
  {
    protected static Random rnd = new Random();   // ランダムジェネレータ
    protected int nextDir = 0;
    protected int[,] dirOffset = { {1, 0}, {0, 1}, {-1, 0}, {0, -1}};
    static Brush br = new SolidBrush(Color.IndianRed);
    int[] tryPlan = { 1, 3, 2 };                   // 右, 左, 後

    public Alien(Game game) : base(game)
    {
      typ = ALIEN;
    }

    public override void Draw(Graphics g)
    {
      g.FillRectangle(br, x+2, y+2, game.uw-4, game.uh-4);
    }

    public virtual void NextMove()     // 移動先を決定する
    {
      NextMoveRandom();
    }

    public void NextMoveRandom()       // ランダム方向転換による移動
    {
      nextDir = rnd.NextDouble() < 0.005 ?
          (dir + 1 + (int)((rnd.NextDouble() * 2) + 0.5)) % 4 : dir;
    }

    public void MoveExec()             // 可能であれば移動実行
    {
      var x1 = x + dirOffset[nextDir, 0];
      var y1 = y + dirOffset[nextDir, 1];
      if (game.IsWall(x1, y1) || game.GetCollision(this, x1, y1) != -1) {
```

```
            // 後ろに転換する確率は下げる
            nextDir = (nextDir + tryPlan[(int)(rnd.NextDouble() * 2.1)]) % 4;
            x1 = x + dirOffset[nextDir, 0];
            y1 = y + dirOffset[nextDir, 1];
        }
        if (!game.IsWall(x1, y1) && game.GetCollision(this, x1, y1) == -1) {
            dir = nextDir;       // 壁でなく他のキャラクタに衝突しなければ進む
            SetPos(x1, y1);
        }
    }

    public override void Move()
    {
        NextMove();          // 次の移動先を決定する
        MoveExec();          // 移動実行
    }
  }
}
```

　Alien クラスでは Player クラスと同様に Move メソッドをオーバーライドしています。移動はランダム方向転換の方式をもとにして，方向転換のとき特に後ろに変更する確率を下げています。これは，迷路状のマップにおいて壁に衝突して逆方向に向かうと，行ったり来たりするような動きが目立つ状況への対策です。

❏ ゲームクラスとマルチスレッド処理

　リスト 6-9 のゲームクラスを追加します。この GameApp クラスはグラフィックスウィンドウ作成，キー入力処理，マップ生成，キャラクタ生成，キャラクタの Move メソッドを呼び出し続ける移動計算スレッドの生成などを行います。

リスト 6-9　Game.cs　ゲームプログラム

```
using System;
using System.Collections.Generic;
using System.Diagnostics;
using System.Drawing;
using System.Threading.Tasks;
using System.Windows.Forms;

namespace GameApp
```

```csharp
{
  // ゲームクラス
  public class Game
  {
    public int uw = 40, uh = 40;         // ユニット幅と高さ
    public Keys keyCode = 0;             // 入力キーコード
    public List<GameElem> elems;         // キャラクタ配列
    public List<Alien> aliens;           // 敵キャラ配列
    public int[,] map;                   // マップ情報

    int w, h;                            // ゲーム画面の幅と高さ
    Task task;                           // ゲームスレッド
    bool active = true;                  // ゲームスレッド継続フラグ
    Bitmap screenBmp;                    // ビットマップ画面
    bool building = false;               // ビットマップ画面作成中フラグ
    Form frm;

    public Game(Form frm)
    {
      this.frm = frm;
      w = GameMap.c * uw;
      h = GameMap.r * uh;
      frm.ClientSize = new Size(w, h);
      screenBmp = new Bitmap(w, h);
      elems = new List<GameElem>();
      aliens = new List<Alien>();
    }

    public virtual void Init()
    {
      map = GameMap.MakeMap();
      AddElems(elems, map);              // Mapをもとに描画対象キャラクタに追加
      SortElems(new int[] { GameElem.WALL, GameElem.ALIEN,
                            GameElem.PLAYER });  // 描画順の設定
    }

    public void SortElems(int[] order)
    {
      var dic = new Dictionary<int, int>();
      var val = 0;
      foreach (var t in order) {
        dic.Add(t, val++);
      }
      elems.Sort(delegate(GameElem x, GameElem y) {
```

```csharp
      var dif = dic[x.typ] - dic[y.typ];
      if (dif > 0) return 1;
      else if (dif < 0) return -1;
      return 0;
    });
  }

  public void Run()
  {
    Init();
    var g = Graphics.FromImage(screenBmp);    // ビットマップのグラフィックス

    task = Task.Run(() => {                   // 別のスレッドで動作させる
      var sw = Stopwatch.StartNew();          // ストップウォッチ作成
      sw.Start();
      while (active) {
        // キャラクタの移動処理
        foreach (var e in elems) {
          if (e.typ >= GameElem.PLAYER) e.Move(); //キャラクタの移動
        }
        // ビットマップ画面の作成処理
        building = true;                      // 作成開始
        g.Clear(frm.BackColor);               // 背景をクリア
        foreach (var e in elems) {
          if (e.typ != GameElem.ROAD) e.Draw(g); // キャラクタの描画
        }
        building = false;                     // 作成終了

        frm.Invalidate();                     // 再描画の要請
        while (sw.ElapsedMilliseconds < 10);  // 速度調整
        sw.Restart();
      }
      g.Dispose();
    });
  }

  public void End()
  {
    active = false;      // スレッド終了指示
    task.Wait();         // スレッド終了待ち
  }

  public void Draw(Graphics g)         // 再描画の実行(Formから呼ばれる)
  {
```

```
      if (building) return;        // ビットマップ画面の作成中は描画しない
      g.DrawImage(screenBmp, 0, 0); // ビットマップ画面のフォームへの描画
    }

    protected void AddElems(List<GameElem> elems, int[,] m)
    {                                  // マップからキャラクタ配列生成
      var row = m.GetLength(0);
      var col = m.GetLength(1);
      for (var r = 0; r < row; r++) {
        for (var c = 0; c < col; c++) {
          var typ = m[r, c];
          if (typ != GameElem.ROAD) {
            var e = MakeElem(typ);
            e.SetPos(c * uw, r * uh);
            elems.Add(e);             // キャラクタ配列へ追加
            if (typ == GameElem.ALIEN) {
              aliens.Add((Alien)e);   // 敵キャラ配列へ追加
            }
          }
        }
      }
    }

    protected void AddElems(List<GameElem> elems, GameElem[] targets)
    {                                  // ゲーム要素を配列から追加
      foreach (var e in targets) {
        elems.Add(e);       // キャラクタ配列へ追加
      }
    }

    protected void AddElems(List<GameElem> elems, GameElem e)
    {                                  // ゲーム要素を1つ追加
      elems.Add(e);         // キャラクタ配列へ追加
    }

    protected virtual GameElem MakeElem(int typ)  // キャラクタ生成
    {
      switch (typ) {
        case GameElem.WALL:     return new Wall(this);
        case GameElem.PLAYER:   return new Player(this);
        case GameElem.ALIEN:    return new Alien(this);
        default:                return null;
      }
    }
```

```csharp
public bool IsWall(int x, int y)          // 壁にぶつかるか？
{
  var r1 = y / uh;
  var c1 = x / uw;
  var r2 = (y + uh - 1) / uh;
  var c2 = (x + uw - 1) / uw;
  return map[r1, c1] == GameElem.WALL ||
         map[r1, c2] == GameElem.WALL ||
         map[r2, c1] == GameElem.WALL ||
         map[r2, c2] == GameElem.WALL;
}

public int GetCollision(GameElem me, int x, int y)
{                                          // 他のキャラとの衝突検出
  foreach (var other in elems) {
    if (other.typ > GameElem.WALL && other != me) {
      if (Math.Abs(other.x - x) < uw && Math.Abs(other.y - y) < uh) {
        return other.typ;
      }
    }
  }
  return -1;
}
```

　ゲームは図 6-10 のようなマルチスレッド構造になっています。フォームスレッドでは，ウィンドウやキャラクタの描画処理を実行します。一方，移動計算スレッドは移動処理，描画用ビットマップ作成，フォームへの再描画要請，速度調整などをループ処理します。描画用ビットマップは，背景やキャラクタをフォームサイズのビットマップに描いておき，ビットマップをフォームに一気に描画する 2 段階の方式（ダブルバッファともいう）をとっています。これによって，今後キャラクタの描画処理が複雑化したとしてもフォームスレッド側の描画処理は一定かつ短時間で済みます。また，速度調整では Sleep メソッドよりも厳密に一定間隔のループ処理になるように .NET の Stopwatch クラスを利用し，毎回のループ内処理時間が異なっても，なるべく 10ms 間隔をキープできるようにしました。こうしたマルチスレッドと速度管理によって，スレッドの処理効率低下を防ぎ，複数のキャラクタが滑らで安定した移動を行います。

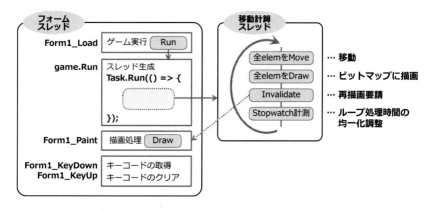

図 6-10　ゲームのスレッド処理

　GameApp クラスでは，Init メソッドが呼ばれてマップとキャラクタの生成を行います。各キャラクタは AddElems メソッドによって，マップに配置されたキャラクタの数や位置に従って生成され，次のように MakeElem メソッドによって各キャラクタの種類に応じてオブジェクトを生成します。

```
protected virtual GameElem MakeElem(int typ)     // キャラクタ生成
{
  switch (typ) {
    case GameElem.WALL:    return new Wall(this);
    case GameElem.PLAYER:  return new Player(this);
    case GameElem.ALIEN:   return new Alien(this);
    default:               return null;
  }
}
```

　MakeElem では，例えば，return new Player(this)によって Player 型のオブジェクトを生成しても，メソッドの戻り値の型はキャラクタの基底クラスである GameElem 型で返します。それを受け取った AddElems メソッドでは，GameElem 型リストの変数 elems に追加します。これによって Player 型や Alien 型といった異なるオブジェクトでも，1 つのリスト変数 elems に格納しておき，次のように elems の全要素に対し同じ記述で簡潔に処理できます。

```
        elems = new List<GameElem>();    … elems は GameElem のリスト型
               :
        foreach (var e in elems) {
               :
           e.Move();         // キャラクタの移動
        }
               :
        foreach (var e in elems) {
               :
           e.Draw(g);        // キャラクタの描画
        }
```

　これは，Player 型や Alien 型が基底クラス GameElem 型から派生しているためできるわけです．図 6-11 のように配列やリストなどのコレクション変数に対し，基底クラスの型の各要素には派生クラスのオブジェクトが自由に格納でき，例えば各要素 e に対し e.Draw(g) を呼び出した際，GameElem の Draw メソッドをオーバーライドしているメソッド，つまり Player なら Player の Draw，Alien なら Alien の Draw が呼ばれる仕組みです．

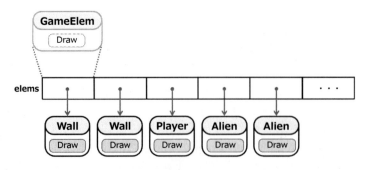

図 6-11　コレクション変数における派生クラスの利点

　ゲームの基盤となるプログラムは出来上がりましたので，次章では NPC の動作をやや知的にするための機能を追加してみましょう．

第 7 章　自律行動と追跡

7.1　パンくず拾い

❏ 手掛かりを見つけて追跡する

　NPC にプレイヤーを追跡する機能を実装してみましょう。パンくず拾い（Breadcrumb Path finding）は，プレイヤーの通過後に残された痕跡をたどるアルゴリズムです。

　パンくずは，足跡などの痕跡を意味しており，図 7-1 のようにプレイヤーの移動後に一定の距離（個数）のパンくずが残るようにします。NPC は普段はランダムに動き，パンくずのあるユニットに来ると，そこからパンくずのあるユニットを優先的に選択して移動していくことで，プレイヤーを追跡することができます。

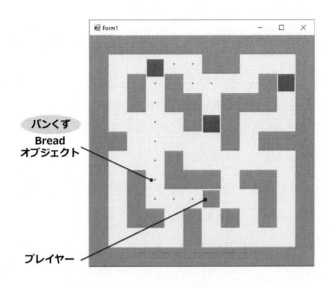

図 7-1　パンくず拾い機能によるゲームプログラムの実行画面

❏ プロジェクトの準備・パンくず拾いのフォームプログラム

本章のプログラムは，前章の GameApp プロジェクトをベースに作成します。そこで，前章のソリューション ex06 内のプロジェクト GameApp を本章のソリューション ex07 内に配置するために，次のようなコピーあるいはリンクする方法のどちらかを使って ex07 内のプロジェクト GameApp として配置しておきます。プロジェクトのコピーとリンクの違いは，コピーの場合，たとえ内容を変更してもコピー元の ex06 側に何ら影響しません。一方，リンクの場合，内容変更は ex06 側を編集していることになるため，両ソリューションで常に内容が一致します。

【方法1】他のソリューションのプロジェクトをコピーする方法
①ex06¥GameApp をフォルダごと ex07 の下にコピーしておく
②ファイル→追加→既存のプロジェクト
　　　　　　→コピーしてきた GameApp フォルダの GameApp.csproj を選択する

【方法2】他のソリューションのプロジェクトを参照(リンク)する方法
ファイル→追加→既存のプロジェクト→ex06¥GameApp.csproj を選択する

GameApp プロジェクトの配置ができたら，本テーマである「パンくず拾い」のプロジェクト GameApp2 を作成します。まず，リスト 7-1 がフォーム部分です。Form1 クラスは GameApp.Form1 から派生させているため，シンプルな内容です。

ソリューション：ex07，プロジェクト：GameApp2, Windows フォーム アプリケーション
リスト 7-1　Form1.cs　ゲームプログラム・フォーム部分

```
// 参照の追加→プロジェクト→GameAppを追加しておく

namespace GameApp2
{
  public partial class Form1 : GameApp.Form1
  {
    protected override void Init()
    {
      game = new Game2(this);
    }
  }
}
```

❑ パンくず拾い探索エンジンクラス

リスト7-2のパンくず拾い探索エンジンクラスを追加します。

リスト7-2　Breadcrumbs.cs　パンくず拾い探索エンジンクラス

```csharp
using GameApp;
using System.Collections.Generic;
using System.Drawing;
using System.Linq;

namespace GameApp2
{
  // 位置情報クラス
  class Pos
  {
    public int r, c;

    public Pos(int r, int c)
    {
      this.r = r; this.c = c;
    }

    public bool Equals(Pos p)
    {
      return this.r == p.r && this.c == p.c;
    }
  }

  // パンくずキャラクタクラス
  public class Bread : GameElem
  {
    public const int BREAD   = -1;          // パンくず
    static Brush br = new SolidBrush(Color.CornflowerBlue);

    public Bread(Game game) : base(game)
    {
      typ = BREAD;
      SetPos(-100, -100);                   // 見えない場所に置いておく
    }

    public override void Draw(Graphics g)
    {
      g.FillRectangle(br, x-2, y-2, 4, 4);
```

```csharp
    }
}

// パンくず拾いクラス
public class Breadcrumbs
{
    public Bread[] bread;
    int len;
    Game game;
    int[,] map;                                         // パンくずが置かれたマップ
    LinkedList<Pos> pList = new LinkedList<Pos>();      // パンくずの位置リスト
    int[,] dirOffset = { { 1, 0 }, { 0, 1 }, { -1, 0 }, { 0, -1 } };
    int[] tryPlan = { 0, 1, 3, 2 };                     // 前, 右, 左, 後の順で調べる

    public Breadcrumbs(int len, Game game)
    {
        this.len = len;
        this.game = game;
        bread = new Bread[len];
        for (var i = 0; i < len; i++) bread[i] = new Bread(game);
        map = new int[GameMap.r, GameMap.c];            // パンくずマップ作成（行, 列）
    }

    public void Drop(int r, int c)          // パンくずを落とす
    {
        if (pList.Count > 0) {
            var last = pList.Last();
            if (r == last.r && c == last.c) return;     // 移動していない
        }
        if (pList.Count >= len) {           // パンくず長さを超えたら
            var pos = pList.First();        // 古い位置を取り出して
            pList.RemoveFirst();
            map[pos.r, pos.c] = 0;                      // マップから消す
        }
        var p = new Pos(r, c);
        if (map[r, c] != 0) {
            var idx = -1;
            for (var i = 0; i < pList.Count; i++) {
                if (pList.ElementAt(i).Equals(p)) idx = i;
            }
            if (idx != -1)
                pList.Remove(pList.ElementAt(idx));     // 既にあればまず消す
        }
        pList.AddLast(p);                   // 新たな位置をリストに追加
```

```csharp
      map[r, c] = 1;                        // マップに置く
      PlotBread();
    }

    public int Trail(int r, int c, int dir)     // パンくずの方向を探す
    {
      for (var i = 0; i < 3; i++) {
        var tryDir = (dir + tryPlan[i]) % 4;
        if (map[r+dirOffset[tryDir, 1], c+dirOffset[tryDir, 0]] == 1)
          return tryDir;    // 見つかった
      }
      return -1;            // 見つからなかった
    }

    void PlotBread()                            // グラフィックス要素位置設定
    {
      var i = 0;
      foreach (var p in pList) {
        var x = (int)((p.c + 0.5) * game.uw);
        var y = (int)((p.r + 0.5) * game.uh);
        bread[i++].SetPos(x, y);
      }
    }
  }
}
```

Pos クラスは位置情報のデータ構造用です。また Bread クラスはパンくず 1 つを表し，他のキャラクタと同様に GameElem から派生させ Draw メソッドをオーバーライドすることで自動的に描画されるようになります。

Breadcrumbs クラスには，図 7-2 のようにパンくずマップの変数 map，ルートを位置リストで表現したパンくずリストの変数 pList を用意します。map は 2 次元 int 型配列でパンくずの有無を記録します。pList は LinkedList 型のリストで各要素には位置情報 Pos クラスを使用します。LinkedList は双方向の線形リスト構造であり，リストの先頭や末尾に対する要素の追加削除が高速です。これはキューとしてのデータ構造に使用できパンくずリストに適しています。パンくずの長さを一定に保つには，パンくずリストの末尾にパンくずを追加し，同時に先頭から古いパンくずを取り除きます。この操作は，キュー構造の操作方法である FIFO（First In First Out，先入れ先出し）のデータ操作に相当します。

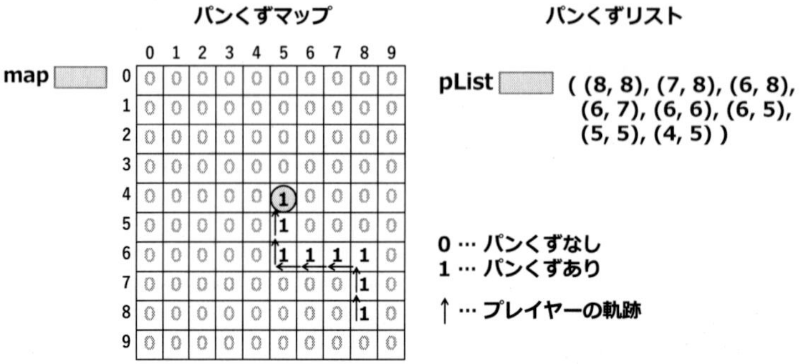

第 7 章 自律行動と追跡

パンくずマップ　　　　パンくずリスト

```
         0 1 2 3 4 5 6 7 8 9
map   0  0 0 0 0 0 0 0 0 0 0    pList ( (8, 8), (7, 8), (6, 8),
      1  0 0 0 0 0 0 0 0 0 0            (6, 7), (6, 6), (6, 5),
      2  0 0 0 0 0 0 0 0 0 0            (5, 5), (4, 5) )
      3  0 0 0 0 0 0 0 0 0 0
      4  0 0 0 0 ① 0 0 0 0 0
      5  0 0 0 0 ↑1 0 0 0 0 0    0 … パンくずなし
      6  0 0 0 0 ↑1 1 1 1 0 0    1 … パンくずあり
      7  0 0 0 0 0 0 0 0 ↑1 0    ↑ … プレイヤーの軌跡
      8  0 0 0 0 0 0 0 0 ↑1 0
      9  0 0 0 0 0 0 0 0 0 0
```

図 7-2　パンくずのデータ構造

　プレイヤーがパンくずを落とす場合は，図 7-3 の Drop メソッドを呼び出します。pList に対し，1 個落とすたびに古いものから回収（削除）して一定の長さを保ち，現在パンくずの落ちている位置を記録した map の内容に反映させます。

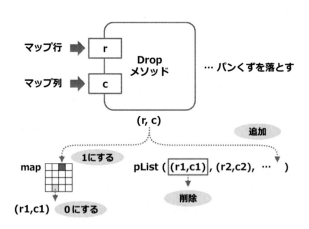

図 7-3　パンくずを落とす Drop メソッド

　NPC がパンくずをたどる場合は，図 7-4 の Trail メソッドによって，どの方向に進めばよいか進行方向を得ます。なお，引数の dir は，現在の進行方向（直進）を優先するための情報です。

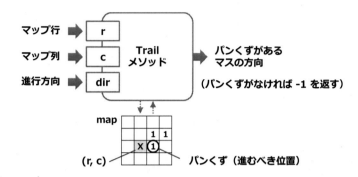

図 7-4 パンくずをたどる Trail メソッド

❑ パンくず拾い探索ゲームクラス

リスト 7-3 のパンくず拾い探索ゲームクラスを追加します。その Game2 クラスはベースとなる GameApp プロジェクトの Game クラスを継承しています。

リスト 7-3　Game2.cs　パンくず拾い探索ゲームクラス

```
using GameApp;                    // 参照の追加→プロジェクト→GameApp
using System.Windows.Forms;

namespace GameApp2
{
  // パンくず機能を追加したゲームクラス
  public class Game2 : Game
  {
    Breadcrumbs bread;            // パンくずリスト

    public Game2(Form frm) : base(frm)
    {
    }

    public override void Init()
    {
      map = GameMap.MakeMap();
      bread = new Breadcrumbs(15, this);// 長さを与えてパンくずリスト作成
      AddElems(elems, map);              // Mapをもとにキャラクタに追加
      AddElems(elems, bread.bread);      // パンくずリストをキャラクタに追加
      SortElems(new int[] { GameElem.WALL, Bread.BREAD,
```

```
                        GameElem.ALIEN, GameElem.PLAYER });   // 描画順の設定
  }

  protected override GameElem MakeElem(int typ)      // キャラクタ生成
  {
      switch(typ) {
      case GameElem.PLAYER:
        return new BreadPlayer(this, bread); // 新たなプレイヤークラス
      case GameElem.ALIEN:
          return new BreadAlien(this, bread);    // 新たな敵クラス
          default: return base.MakeElem(typ);        // 他は同じ生成法
      }
  }
}

// パンくず機能を追加したBreadPlayerクラス
public class BreadPlayer : Player
{
  Breadcrumbs bread;

  public BreadPlayer(Game game, Breadcrumbs bread) : base(game)
  {
     this.bread = bread;
  }

  public override void Move()
  {
     base.Move();
     if (reached) bread.Drop(r,c);     // ユニットを移動したらパンくず落とす
  }
}

// パンくず機能を追加したBreadAlienクラス
public class BreadAlien : Alien
{
  Breadcrumbs bread;

  public BreadAlien(Game game, Breadcrumbs bread) : base(game)
  {
     this.bread = bread;
  }

  public override void NextMove()
  {
     NextMoveBread();
```

```
      }
      public void NextMoveBread()        // パンくず探索による移動
      {
        if (reached) {                   // 別ユニットにぴったり到達した場合
          var tryDir = bread.Trail(r, c, dir);
          if (tryDir != -1) {            // パンくず発見
            nextDir = tryDir;
          } else {                       // それ以外はランダム方向転換
            nextDir = rnd.NextDouble() < 0.005 ?
                (dir + (int)(1 + rnd.NextDouble() * 3)) % 4 : dir;
          }
        } else {
          nextDir = dir;
        }
      }
    }
```

GameApp2 クラスでは new Breadcrumbs(15, this) によって，長さ 15 のパンくずオブジェクトを生成します。キャラクタ生成処理の MakeElem 内では Player を BreadPlayer に，Alien を BreadAlien に置き換えています。新たに定義した BreadPlayer と BreadAlien クラスは，それぞれ Player と Alien クラスを継承します。さらに，BreadPlayer にはパンくずを落とす機能を，BreadAlien にはパンくずを追跡する機能を実装しています。

BreadPlayer クラスでは移動時にパンくずを落とすので，Move メソッドをオーバーライドして Breadcrumbs クラスの Drop メソッドを呼び出します。また BreadAlien クラスでは移動方向を決定する NextMove メソッドをオーバーライドし，NextMoveBread メソッド経由で Breadcrumbs クラスの Trail メソッドを呼び出しています。

本バージョンでは，NPC はパンくずの新しさまでは判定しませんので，逆方向に追跡する場合があります。また，追跡中に他の NPC と衝突すると，パンくずがあっても移動できないため，はじかれてパンくずルート上から離脱するケースも見られます。

7.2 A*アルゴリズム

❏ ターゲットまでの最適ルート

　ターゲットまでの複数のルートから最適ルートを求める手法にA*（Aスター，A-star）アルゴリズムがあります。これは目標位置へ最も少ない手順で到達できる最短ルートを探索するアルゴリズムです。

　この機能をNPCの一つに装備し，図7-5のようにプレイヤーを最適ルートで追跡するようにします。しかし，プレイヤーは常に移動しているため，それに応じて最適ルートも再探索する必要があります。さらに，他のNPCが追跡ルート上に移動してきたら，道が塞がってしまいルートが無効となってしまいます。このようなリアルタイムに状況変化する動的なマップ状態に対し，定期的な最適ルート探索を実行することで，継続的な追跡機能を実装します。

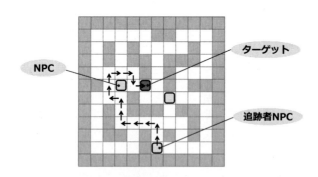

図7-5　A*アルゴリズムによる最適追跡ルート

　今回は，追跡者NPCが1ユニット進むたびに最適ルートを再計算するようにします。追跡者NPCには，A*アルゴリズムエンジンを装備し，1ユニット進んだ時点で，次にどの方向へ移動すべきかをA*アルゴリズムで得た最適ルートから決定します。A*アルゴリズムは，以下のような初期設定および繰り返し処理による手順で最適ルートを探索します。

【初期設定】

- 最初に，現在位置のユニットを open リストに入れ，open 状態にする。

【繰り返し処理】

- open リストから，中心ユニットを選ぶ。複数ある場合は，最小コストのものを選ぶ。
- 中心ユニットを open リストから削除し，closed 状態にする。
- 中心ユニットに隣接し，かつ移動可能で，かつ未 open 状態のユニットを選ぶ。
- 選んだ隣接ユニットについて，コストを計算する。
- 選んだ隣接ユニットを，open リストに入れ，open 状態にする。
- 選んだ隣接ユニットには，移動元として中心ユニットを記憶させておく。

はじめに，まず図 7-6 のように追跡者 NPC のいるユニットをスタート（S），プレイヤーのいるユニットをゴール（G）とし，初期設定として S のユニット位置を open リストに追加し，S のユニットを open 状態にします。プログラムでは，open リスト用にリストデータを用意し，さらにユニットの open 状態を記憶するためにマップと同サイズの配列を用意しておきます。

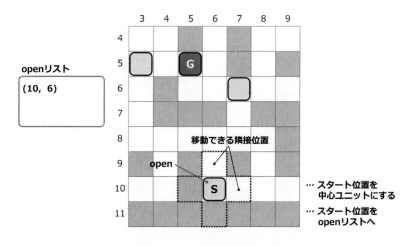

図 7-6　ルート探索（初期状態）

毎回の繰り返し処理において，次はどの方向を探索すべきかを決める際，その調査候補となるのが open リストです。open リストへ追加されるものは，中心ユニットから移動可能な隣接ユニット（図 7-6 では S の上と右）です。open リストには複数のユニットが溜まっていき，そこから最適なものを中心ユニットとして選択しますが，最適である基準として，G までの移動コストに注目します。

図 7-7 は，最初の探索ステップです。open リストからユニットを取り出して，中心ユニットとします。最初は open リストに S のユニット 1 つしか入っていないのでそれが中心ユニットです。中心ユニット(10,6)は，open 状態から closed 状態に変更し，open リストから削除します。次に，そこから移動できる隣接ユニットについて調べていきますが，中心ユニットの S に対し，隣接ユニットは S の上下左右の十字位置のうち，壁や他の NPC がない空いている道のユニットが対象となります。この場合は S の上と右の隣接ユニットです。これらについて，コストを計算します。コストは，S からの移動ステップ数＋G への距離（壁，他の NPC は無視）で求め，それぞれ 1+5=6 と 1+7=8 となります。G への距離計算はヒューリスティック関数と呼ばれ，ゴールまでの推定値を意味します。これらのユニットを open 状態にし，open リストに追加します。さらに，中心ユニットを移動元として記憶します（図の矢印が移動元を表している）。

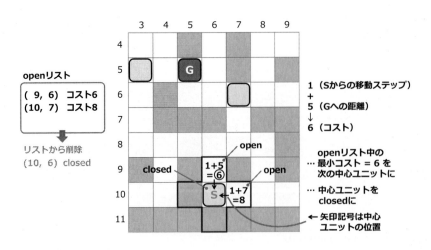

図 7-7 ルート探索（ステップ 1）

次のステップでは同様の操作を行います。まず，open リストから中心ユニットを取り出します。新たな中心ユニットは現在の open リストでコストが最小のものを選びます。この場合，ユニット(9,6)がコスト=6 で最小となります。これを中心ユニットとし，図 7-8 のように中心ユニット(9,6)を closed 状態にして open リストから削除します。そして，隣接ユニットは移動可能かつ未 open のものを選びます。今回は，ユニット(8,6)の 1 個です。選んだ隣接ユニットに対し，コスト計算（2+4=6），open 状態への変更，open リストへの追加，移動元の記憶を行います。

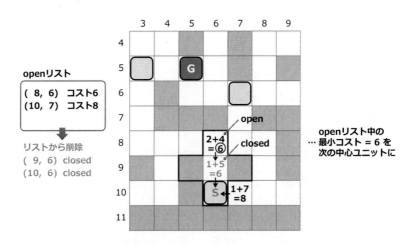

図 7-8 ルート探索（ステップ 2）

次のステップも同様です。現在の open リスト中にある最小コスト（=6）のユニット(8,6)を中心ユニットに選びます。図 7-9 のように，中心ユニット(8,6)を open リストから削除して closed 状態へ変更します。そして隣接ユニットとして移動可能かつ未 open ユニットを選び，コスト計算，open への変更，open リストへの追加，移動元の記憶を行います。

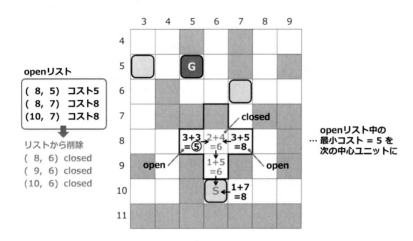

図 7-9 ルート探索（ステップ 3）

以上のような探索ステップを，G までの距離が 1 になるまで繰り返していきます。図 7-10 は最終ステップの状態です。

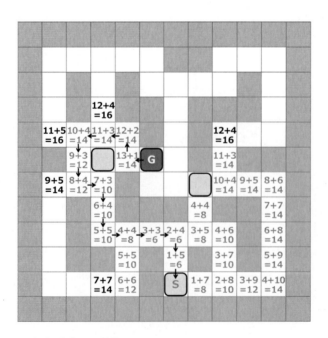

図 7-10 ルート探索（ゴール到着）

これまでのステップの繰り返しでは，中心ユニットを closed 状態にすることで通過済みルートとし，隣接ユニットはそこから移動可能なルートとして選択しました。このとき open 済みのユニットは重複処理しないように未 open のユニットを対象としています。そして次なる移動先である中心ユニットは，最小コストによって決定しています。コストは S から何ユニット移動してきたかと G までの概算距離を加算します。これによって最短と思われるルートを優先的に調べていきます。

最終的に G の手前まで来ると G までの概算距離が 1 なので，コストは S から G への最小実移動数となり，これが最適ルートを意味します。仕上げとして記憶しておいた移動元ユニット（矢印マーク）をたどって S まで戻ればその道筋が最適ルートとして得られます。図 7-10 の最終作業状態を見ると，コスト計算においてゴールへの推定値をもとに最短距離を優先的に調べていくので，無駄なマスは調べていないことがわかります。

❑ A*アルゴリズムのフォームプログラム

図 7-11 は，A*アルゴリズムによるゲームプログラムの完成形の実行画面です。

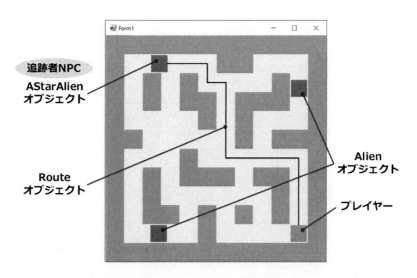

図 7-11　A*アルゴリズム追跡ゲームプログラムの実行画面

本バージョンでは追跡機能を実装した NPC によって常にプレイヤーが追われます。まずプロジェクト GameApp3 を作成します。リスト 7-4 がフォーム部分です。

ソリューション：ex07，プロジェクト：GameApp3，Windows フォーム アプリケーション
リスト 7-4　Form1.cs　ゲームプログラム・フォーム部分

```
// 参照の追加→プロジェクト→GameAppとGameApp2を追加しておく

namespace GameApp3
{
  public partial class Form1 : GameApp.Form1
  {
    protected override void Init()
    {
      game = new Game3(this);
    }
  }
}
```

❏ A*アルゴリズム追跡エンジンクラス

リスト 7-5 の A*アルゴリズム追跡エンジンクラスを追加します。ユニット情報を記憶するための AStarUnit クラスと A*アルゴリズムエンジンの AStar クラスを作成します。

リスト 7-5　AStar.cs　A*アルゴリズム追跡エンジンクラス

```
using GameApp;
using System;
using System.Collections.Generic;
using System.Linq;

namespace GameApp3
{
  // A*用ユニット情報クラス
  public class AStarUnit
  {
    public int r, c;                    // ユニット位置
    public int open = 0;                // オープン状態
    public int totalCost = 0;           // コスト
    int movement = 0;                   // スタートからの移動数
```

7.2 A*アルゴリズム

```csharp
    int distance = 0;                    // ゴールまでの距離
    public AStarUnit from = null;        // どこから来たか

    public AStarUnit(int r, int c)
    {
      this.r = r; this.c = c;
    }

    public void CalcCost(int targetR, int targetC)        // コスト計算
    {
      movement = Math.Abs(r-from.r) + Math.Abs(c-from.c) + from.movement;
      distance = Math.Abs(r-targetR) + Math.Abs(c-targetC);
      totalCost = movement + distance;
    }
}

// A*アルゴリズムエンジンクラス
public class AStar
{
  public Route route;              // ルート表示用キャラクタ
  int mapR, mapC;                  // マップサイズ
  AStarUnit[,] aMap;
  Game game;
  int[,] AStarDir = { { -1, 0 }, { 1, 0 }, { 0, -1 }, { 0, 1 } };
  LinkedList<AStarUnit> openList = new LinkedList<AStarUnit>();
                                   // オープンリスト

  public AStar(Game game, Alien alien)
  {
    this.game = game;
    route = new Route(game);
    mapR = GameMap.r;
    mapC = GameMap.c;
    aMap = new AStarUnit[mapR, mapC];
    for (var i = 0; i < mapR; i++)
      for (var j = 0; j < mapC; j++) aMap[i, j] = new AStarUnit(i, j);
  }

  public AStarUnit Resolve(Alien a, Player p)
  {
    if (ResolveRoute(a.r, a.c, p.r, p.c)) { // 最適解探索が成功すれば
      var list = new List<AStarUnit>();
      var unit = aMap[p.r, p.c];        // 目的地点
      while (!(unit.r == a.r && unit.c == a.c)) { // 開始地点まで遡る
        list.Add(unit);                 // 最適ルートに追加
```

```csharp
      unit = unit.from;
    }
    route.SetPoints(list);          // ルートの座標を設定
    return list.Last();             // 最適ルートの1歩目を返す
  } else {
    Reset();                        // ルートをリセット
    return null;
  }
}

public void Reset()
{
  route.SetPoints(null);            // ルートの座標を空に
}

bool Movable(int r, int c)          // 移動可能か調べる
{
  if (game.map[r, c] == GameElem.WALL) return false;
  foreach (var e in game.elems)
    if (e.typ == GameElem.ALIEN && e.r == r && e.c == c) return false;
  return true;
}

AStarUnit MinByCost()
{
  AStarUnit m = null;
  foreach (var u in openList)
    if (m == null || m.totalCost > u.totalCost) m = u;
  return m;
}

bool ResolveRoute(int startR, int startC, int targetR, int targetC)
{
  foreach (var u in aMap) u.open = 0;       // 未オープンにしておく
  AStarUnit unit = aMap[startR, startC];    // 開始ユニット
  unit.open = 1;                            // オープンにする
  openList.Clear();
  openList.AddLast(unit);                   // オープンリストに入れる
  while (openList.Count() > 0 ) {
    var minUnit = MinByCost();              // 最小コストのものを選択
    if (minUnit.r == targetR && minUnit.c == targetC) return true;
    minUnit.open = -1;                      // クローズドにする
    openList.Remove(minUnit);               // オープンリストから削除
    for (int i = 0, n = AStarDir.GetLength(0); i < n ; i++) {
```

```
          // 周囲のユニットを調べる
          var r = minUnit.r + AStarDir[i, 0];
          var c = minUnit.c + AStarDir[i, 1];
          if (r >= 0 && c >= 0 && r < mapR && c < mapC) {
            var around = aMap[r, c];
            if (around.open == 0 && Movable(r, c)) {
              around.open = 1;                    // オープンにする
              openList.AddFirst(around);          // オープンリストに追加
              around.from = minUnit;              // どこから来たか記憶
              around.CalcCost(targetR, targetC);  // コスト計算
            }
          }
        }
      }
      return false;
    }
  }
}
```

ユニット情報の AStarUnit クラスには，変数として open 状態（open），コスト値（totalCost），移動元ユニット（from）を含みます。CalcCost メソッドはコスト計算を行います。また，A*アルゴリズムエンジンの AStar クラスには AStarUnit オブジェクトの配列（aMap），open リスト（openList）を含みます。Resolve メソッドは現在位置からターゲットであるプレイヤーまでの最適ルートを変数 route に求め，進むべき1歩目のユニット情報を返します。

Route クラスの変数 route は，表示処理として最適ルート（軌跡）をグラフィックスウィンドウ上に表示するために用います。

❏ A*アルゴリズム追跡ゲームクラス

リスト 7-6 の A*アルゴリズム追跡ゲームクラスを追加します。ここではゲームクラスの Game3，最適ルートのグラフィックス表示用の Route クラス，追跡機能を実装した NPC の新バージョンである AStarAlien クラスを作成します。

リスト 7-6　Game3.cs　A*アルゴリズム追跡ゲームプログラム

```
using GameApp;
using GameApp2;
```

```csharp
using System.Collections.Generic;
using System.Drawing;
using System.Linq;
using System.Windows.Forms;

namespace GameApp3
{
  // A*アルゴリズムを追加したゲームクラス
  public class Game3 : Game
  {
    AStarAlien astarAlien;

    public Game3(Form frm) : base(frm)
    {
    }

    public override void Init()
    {
      map = GameMap.MakeMap();
      AddElems(elems, map);          // Mapをもとに描画対象キャラクタに追加
      AddElems(elems, astarAlien.astar.route);//追跡ルートをキャラクタに追加
      astarAlien.InitTarget(this);              // 追跡対象の設定
      SortElems(new int[] { GameElem.WALL, Route.ROUTE,
          GameElem.ALIEN, GameElem.PLAYER });   // 描画順の設定
    }

    protected override GameElem MakeElem(int typ) // キャラクタ生成
    {
      switch (typ) {
        case GameElem.PLAYER:
          return new Player(this);       // ノーマルのプレイヤークラスを使用
        case GameElem.ALIEN:
          if (astarAlien == null) {      // 追跡者がまだいなければ
            astarAlien = new AStarAlien(this, null); // 追跡者を作成
            return astarAlien;
          } else {
            return new Alien(this);      // 普通のNPCを作成
          }
        default: return base.MakeElem(typ);    // 他は同じ生成法
      }
    }
  }
}

// Routeキャラクタクラス
```

```csharp
public class Route : GameElem
{
  public const int ROUTE = -2;    // キャラクタのタイプ
  Alien alien;                    // 追跡者(描画時に座標参照)
  Player player;                  // 追跡対象(描画時に座標参照)
  int dx, dy;                     // ユニット中心距離
  Point[] points = null;          // 描画用のルート座標
  bool building = false;          // ルート座標作成中フラグ
  static Pen pen = new Pen(Color.Black, 2);

  public Route(Game game) : base(game)
  {
    typ = ROUTE;
    dx = game.uw / 2;
    dy = game.uh / 2;
  }

  public void SetTarget(Alien alien, Player player)
  {                               // 追跡者と追跡対象を設定
    this.alien = alien;
    this.player = player;
  }

  public void SetPoints(List<AStarUnit> list)
  {
    building = true;
    var n = list != null ? list.Count() : 0;
    if (n > 1) {
      points = new Point[n];
      for (var i = 0; i < n; i++) {
        var u = list[i];
        var x = game.uw * u.c + dx;
        var y = game.uh * u.r + dy;
        points[i] = new Point(x, y);
      }
    } else {
      points = null;
    }
    building = false;
  }

  public override void Draw(Graphics g)
  {
    if (!building) {              // 座標データ作成中は描画しない
      if (points != null) {       // ルートがあれば描画する
```

```
              points[points.Length-1].X = alien.x + dx;  // 追跡者の中心座標
              points[points.Length-1].Y = alien.y + dy;
              points[0].X = player.x + dx;              // 追跡対象の中心座標
              points[0].Y = player.y + dy;
              g.DrawLines(pen, points);
            }
          }
        }
      }
    }

    // A*機能を持つAStarAlienクラス
    public class AStarAlien : BreadAlien
    {
      public AStar astar;              // A*エンジン
      Player targetPlayer = null;      // 追跡対象

      public AStarAlien(Game game, Breadcrumbs bread) : base(game, bread)
      {
        astar = new AStar(game, this);   // A*エンジン作成
      }

      public void InitTarget(Game game)
      {
        foreach (var e in game.elems) {
          if (e.typ == GameElem.PLAYER) {
            targetPlayer = (Player)e;       // 追跡対象設定
          }
        }
        astar.route.SetTarget(this, targetPlayer); // 追跡者と追跡対象を設定
      }

      int GetDir(int nextR, int nextC)    // 行と列から方向を得る
      {
        var dy = nextR - r;
        var dx = nextC - c;
        for (int i = 0, n = dirOffset.GetLength(0); i < n; i++) {
          if (dirOffset[i, 0] == dx && dirOffset[i, 1] == dy) return i;
        }
        return -1;
      }

      public override void NextMove()
      {
        NextMoveAStar();
      }
```

```
    public void NextMoveAStar()         // A*アルゴリズムによる移動
    {
      if (reached) {                    // 別ユニットに移動するとき再探索
        nextDir = -1;
        var unit = astar.Resolve(this, targetPlayer); // 最適ルート探索
        if (unit != null) {             // 最適ルート発見
          nextDir = GetDir(unit.r, unit.c);
        }
        if (nextDir == -1) {            // ランダム方向転換
          nextDir = rnd.NextDouble() < 0.005 ?
                    (dir + (int)(1 + rnd.NextDouble() * 3)) % 4 : dir;
        }
      } else {
        nextDir = dir;
      }
    }
  }
}
```

Game3 クラスでは，MakeElem メソッドをオーバーライドし，キャラクタのオブジェクト生成方法を変更します．今回は，NPC の 1 つだけを追跡機能を持つ AStarAlien クラスで生成し，残りの NPC は旧式の Alien クラスで生成します．そして，Init メソッドをオーバーライドし，AStarAlien で生成された追跡者 NPC に対し，InitTarget メソッドでターゲットのキャラクタを設定します．ターゲットとは，すなわち Player です．

Route クラスは GameElem クラスを継承し，これもキャラクタ同様の扱いとしています．他のキャラクタとの違いは，移動しないこと，図形がポリゴン（道筋を表す折れ線）であることなどです．

AStarAlien クラスは基本機能を前バージョンの BreadAlien クラスから継承します．これは，次節でパンくず追跡と A*アルゴリズムの両方の機能を有した NPC を作るためです．パンくずと A*の各エンジン部分をクラスとした場合，2 つのクラスから継承する，いわゆる多重継承はできません．今回はプログラムをシンプルにするために，パンくず NPC から派生した A*NPC，A*NPC から派生した新種 NPC クラスを作ることにしました．

AStarAlien クラスでは，移動先を決定する MoveNext メソッドにおいて，毎

回，別ユニットに到着するタイミングで AStar オブジェクトの Resolve メソッドを呼び出して，A*アルゴリズムによる最適ルート探索を実行します。そうして，リアルタイムに現在位置から次に進むべき方向を決定しています。

　プログラムを実行すると，変化するゲーム状況に応じて最適ルート探索が行われ，プレイヤーを追跡していきます。最適ルートの途中を他の NPC がさえぎった場合は別のルートが検索されます。これは，A*アルゴリズムで隣接ユニットを選択する際，NPC のいない移動可能なユニットを選択する処理によるものです。

　なお，A*アルゴリズムは最適で無駄のない追跡手法なので，確実にプレイヤーに迫り，プレイヤーが移動ミスやもたついたりすると距離が縮まっていきます。他の NPC を利用するなどして，うまくかわすしかありません。このような場合，ゲームを面白くするために A*による追跡に時間制限を設ける機能，通路や障害物を移動させることができるような機能，あるいは NPC と互角以上に戦闘できる攻撃機能などを実装することで，ゲームの面白さが増していきます。

7.3　有限状態マシン

❏ NPC の自律行動システム

　さらに NPC の行動パターンにバリエーションをつけ，自律性を高めてみましょう。ここでは有限状態マシン（Finite State Machine, FSM）の手法を使います。
　有限状態マシンは，各個体がそれぞれ状態（state）を持ち，ある事象（イベント，event）によって別の状態に遷移していくしくみです。例えばターゲットのプレイヤーを追いかける「追跡」状態において「接触」というイベントが発生すると「攻撃」状態に遷移します。
　これから作るプログラムにおいて，このような状態とイベントの関係について図 7-12 のような状態遷移図（State Transition Diagram, STD）で表します。
　状態遷移図の丸記号は状態を表し，矢印はイベントと遷移先の状態を示しています。イベントにはプログラム中の変数を使った条件式を用い，energy（エネルギー）と intelligence（知性）を数値で表し，touched はプレイヤーに接触したかを真理値で表します。状態遷移は，ある状態においてイベントの条件式が真に

なると，矢印に従って状態を進める動作を行います。

初期状態は MOVE（移動）状態で始まります。energy が溜まってくると SEARCH（探索）状態になります。また，intelligence が一定以上では CHASE（追跡）状態になります。そして SEARCH および CHASE 状態において energy がゼロになると，いったん MOVE 状態に遷移します。また，touched が真になると，ATTACK（攻撃）状態に遷移します。NPC が ATTACK するとエネルギーを大量に消費し，攻撃できない ESCAPE（逃避）状態になります。ESCAPE から遷移できるのは SLEEP（休止）状態のみなので，攻撃などは行いません。ESCAPE で少し移動したのち SLEEP になり，エネルギーの回復を待ちます。その後，MOVE に戻ります。

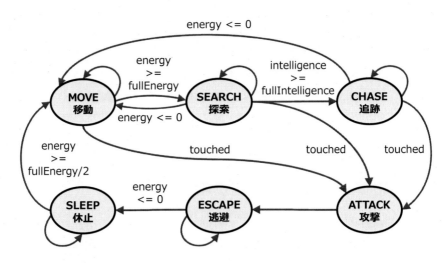

図 7-12　状態遷移図

表 7-1 は energy と intelligence に対しどのように増減させるか，あるいは各状態で用いる移動アルゴリズムを設定したものです。一方的に攻撃し続けるような強靱な NPC だとゲームが成立しなくなるため，特性や弱点などを設定するとより面白くなるでしょう。今回は簡易バージョンとして単純な設定にしています。

表 7-1　各状態の動作設計

状態	攻撃に遷移可能	移動アルゴリズム	energyエネルギー	intelligence知性
MOVE　移動	○	ランダム	+0.1（充填）	
SEARCH　探索	○	パンくず	-0.05（消費）	
CHASE　追跡	○	A*	-0.1（消費）	
ATTACK　攻撃		（停止）	-10（消費）	+1（向上）
ESCAPE　逃避		ランダム		
SLEEP　休止		（停止）	+0.1（充填）	

　攻撃回数が増えると intelligence が増加し，より知的な追跡手法（A*アルゴリズム）を用いるようになります。処理を単純にするために ESCAPE の移動アルゴリズにはランダムを用いていますが，例えば，移動可能ユニットのうち，プレイヤーからの距離が最大のものを選ぶことで，プレイヤーから離れていくような処理にするともっと逃避らしくなります。このように，機能を追加し，状態遷移および動作設計を自由に設定することで，ゲームがより面白くなっていきます。

❑ 有限状態マシンのフォームプログラム

　「有限状態マシン」のプロジェクト GameApp4 を作成します。リスト 7-7 がフォーム部分です。

ソリューション：ex07, プロジェクト：GameApp4, Windows フォーム アプリケーション
リスト 7-7　Form1.cs　ゲームプログラム・フォーム部分

```
// 参照の追加→プロジェクト→GameApp, GameApp2, GameApp3を追加しておく

namespace GameApp4
{
  public partial class Form1 : GameApp.Form1
  {
    protected override void Init()
    {
      game = new Game4(this);
```

```
      }
    }
}
```

❏ 有限状態マシンクラス

リスト 7-8 の有限状態マシンクラスを追加します。ちょうど状態遷移図をプログラムで記述した形になっており，図 7-12 および表 7-1 を反映した設定です。

リスト 7-8　FSM.cs　有限状態マシンクラス

```
using System;

namespace GameApp4
{
  // 有限状態マシンエンジンクラス
  class FSM
  {
    public const int  MOVE    = 1;      // 移動(エネルギー貯える)
    public const int  SEARCH  = 2;      // 探索(エネルギーやや消費する)
    public const int  CHASE   = 3;      // 追跡(エネルギー消費する)
    public const int  ATTACK  = 4;      // 攻撃(エネルギーゼロに，知性上昇)
    public const int  ESCAPE  = 5;      // 逃避(エネルギー低下)
    public const int  SLEEP   = 6;      // 休止(エネルギー貯える)

    public int state                = MOVE;    // 現在の状態
    public int lastState            = -1;      // 最後の状態
    public double energy            = 50.0;    // エネルギー
    public double intelligence      = 8.0;     // 知性
    public Boolean touched          = false;   // 接触したか
    public int fullEnergy           = 100;     // エネルギー満タン
    public int fullIntelligence     = 10 ;     // 知性高レベル

    public static String[] stateLabel =
      {"", "Move", "Search", "Chase", "Attack", "Escape", "Sleep"};

    public void Action()
    {
      lastState = state;
      switch(state)
      {
        case MOVE:                              // 移動状態のとき
```

```
          if (touched) state = ATTACK;        // プレイヤーに接触したら攻撃
          // 移動中はエネルギー充てん
          else if (energy < fullEnergy) energy += 0.1;
          // エネルギーが溜まったら探索に移行
          else if (energy >= fullEnergy) state = SEARCH;
          break;

        case SEARCH:                          // 探索状態のとき
          energy -= 0.05 ;                    // 探索中はエネルギー消費
          if (energy <= 0) state = MOVE;      // エネルギー切れは移動に移行
          else if (touched) state = ATTACK;   // プレイヤーに接触したら攻撃
          // 知性が高ければ追跡に移行
          else if (intelligence >= fullIntelligence) state = CHASE;
          break;

        case CHASE:                           // 追跡状態のとき
          energy -= 0.1;                      // 追跡中はエネルギー消費
          if (energy <= 0) state = MOVE;      // エネルギー切れは移動に移行
          else if (touched) state = ATTACK;   // プレイヤーに接触したら攻撃
          break;

        case ATTACK:                          // 攻撃状態のとき
          energy = Math.Max(0, energy-10);    // 攻撃したらエネルギー消費
          intelligence += 1;                  // 攻撃経験により知性を上げる
          state = ESCAPE;                     // 攻撃後は逃避に移行
          break;

        case ESCAPE:                          // 逃避状態のとき
          energy -= 0.1;                      // エネルギー低下していく
          if (energy <= 0) state = SLEEP;     // エネルギー切れは休止に移行
          break;

        case SLEEP:                           // 休止状態のとき
          if (energy < fullEnergy) energy += 0.1;  //休止中はエネルギー充てん
          // エネルギーが半分溜まれば移動へ移行
          if (energy >= fullEnergy/2) state = MOVE;
          break;
      }
    }
  }
}
```

❑ 有限状態マシンゲームクラス

リスト 7-9 の有限状態マシンゲームクラスを追加します．その後，本プロジェクトを実行すると図 7-13 のようになります．各 NPC には，現在の状態（Move，Search，Chase，Attack，Escape，Sleep）とエネルギーを表示させています．

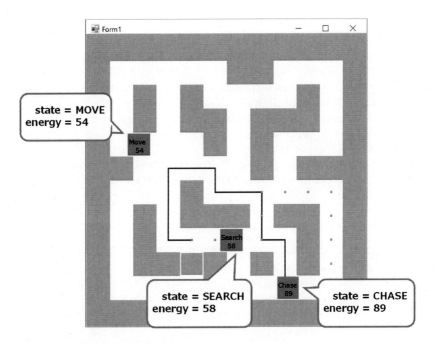

図 7-13　有限状態マシンゲームプログラムの実行画面

リスト 7-9　Game4.cs　有限状態マシンゲームクラス

```
using GameApp;
using GameApp2;
using GameApp3;
using System;
using System.Drawing;
using System.Windows.Forms;

namespace GameApp4
{
```

```csharp
// 有限状態マシンを追加したゲームクラス
class Game4 : Game
{
  Breadcrumbs bread;        // パンくずリスト

  public Game4(Form frm) : base(frm)
  {
  }

  public override void Init()
  {
    map = GameMap.MakeMap();
    bread = new Breadcrumbs(15, this); // 長さを与えてパンくずリスト作成
    AddElems(elems, map);              // Mapをもとにキャラクタに追加
    AddElems(elems, bread.bread);      // パンくずリストをキャラクタに追加
    foreach (var a in aliens)
      AddElems(elems, ((FSMAlien)a).astar.route); // 追跡ルートを追加
    foreach (var a in aliens)
      ((FSMAlien)a).InitTarget(this);            // 追跡対象の設定
    SortElems(new int[] { GameElem.WALL, Bread.BREAD, Route.ROUTE,
          GameElem.ALIEN, GameElem.PLAYER });    // 描画順の設定
  }

  protected override GameElem MakeElem(int typ)    // キャラクタ生成
  {
    switch(typ) {
      case GameElem.PLAYER:
          return new FSMPlayer(this, bread); // 新たなプレイヤークラス
      case GameElem.ALIEN:
          return new FSMAlien(this, bread);  // 新たな敵クラス
      default: return base.MakeElem(typ);    // 他は同じ生成法
    }
  }
}

// パンくず，有限状態マシンをを追加したFSMPlayerクラス
class FSMPlayer : BreadPlayer
{
  public int atteckWait = 0;          // 攻撃待機時間

  public FSMPlayer(Game game, Breadcrumbs bread) : base(game, bread)
  {
  }
```

```
    public override void Move()
    {
      if (atteckWait > 0) {           // 攻撃ダメージ中
        atteckWait -= 1;
        return;
      }
      base.Move();
    }
}

// パンくず, A*, 有限状態マシンを追加したFSMAlienクラス
class FSMAlien : AStarAlien
{
    FSM fsm;
    FSMPlayer touchedPlayer;           // 接触プレイヤー
    int atteckWait = 0;
    string text;
    Font textFont = new Font("Arial Narrow", 8f);
    Brush textBrush = new SolidBrush(Color.Black);
    public FSMAlien(Game game, Breadcrumbs bread) : base(game, bread)
    {
      fsm = new FSM();                 // 有限状態マシン作成
      text = "";                       // 状態表示用
    }

    public override void  Draw(Graphics g)
    {
      base.Draw(g);
      text = FSM.stateLabel[fsm.state] + "¥n  " + (int)fsm.energy;
      g.DrawString(text, textFont, textBrush, x+3, y+game.uh*0.3f);
    }

    public override void NextMove()    // 移動先は有限状態マシンで決定する
    {
      fsm.Action();        // 状態を遷移させる
      switch (fsm.state) {
        case FSM.SEARCH:   NextMoveBread();   break;   // パンくず拾い
        case FSM.CHASE:    NextMoveAStar();   break;   // A*アルゴリズム
        case FSM.ATTACK:   atteckWait = 50;            // 攻撃
                           touchedPlayer.atteckWait = 100;
                           break;
        case FSM.SLEEP:    break;                      // 休止中は処理なし
        case FSM.MOVE:
        case FSM.ESCAPE:   NextMoveRandom(); break;  // ランダム
```

```
    }
    if (fsm.lastState == FSM.CHASE && fsm.state != FSM.CHASE)
      astar.Reset();           // 追跡が終わったのでA*アルゴリズムをリセット
  }

  public override void Move()
  {
    if (atteckWait > 0) {      // 攻撃中
      atteckWait -= 1;
      return;
    }
    NextMove();                // 次の移動先を決定

    // プレイヤーとの衝突判定
    if (fsm.state == FSM.ESCAPE) {   // 逃避中は接触無視
      touchedPlayer = null;
    } else {
      touchedPlayer = null;
      foreach (var e in game.elems) {
        if (e is FSMPlayer) {
          var p = (FSMPlayer)e;
          if (Math.Abs(p.x - (x+dirOffset[nextDir,0])) < game.uw &&
              Math.Abs(p.y - (y+dirOffset[nextDir,1])) < game.uh)
            touchedPlayer = p;
        }
      }
    }
    fsm.touched = touchedPlayer != null;

    // 攻撃中か休止中は移動しない
    if (fsm.touched || fsm.state == FSM.SLEEP) return;
    MoveExec();                // 移動実行
  }
}
```

　FSMAlien クラスは，有限状態マシンを実装した新たな NPC です．移動アルゴリズムに，パンくず拾いと A*アルゴリズムを使用するので，それらの機能を有した AStarAlien クラスから継承します．FSMAlien クラスでは有限状態マシンの FSM クラスのオブジェクトを変数 fsm として生成しており，これを次のように NextMove メソッド内で fsm.Action()を呼び出して状態を遷移させ，その状態（state）に応じ，どのアルゴリズムで移動するかを決定しています．

7.3 有限状態マシン

```
public override void NextMove() {    // 移動先は有限状態マシンで決定する
    fsm.Action();          // 状態を遷移させる
    switch (fsm.state) {
      case FSM.SEARCH:    （パンくず拾いを使って移動する）
      case FSM.CHASE:     （A*アルゴリズムを使って移動する）
      case FSM.ATTACK:    （攻撃）
      case FSM.SLEEP:     （休止中は処理なし）
      case FSM.MOVE:      （ランダムに移動する）
      case FSM.ESCAPE:    （ランダムに移動する）
    }
    if (fsm.lastState == FSM.CHASE && fsm.state != FSM.CHASE) {
        astar.Reset();     // 追跡が終わったのでA*アルゴリズムをリセット
    }
}
```

図 7-14 は本プログラムのクラス構成です。大規模になりましたが，オブジェクト指向を活用して複雑なプログラムを効率的に構築しました。

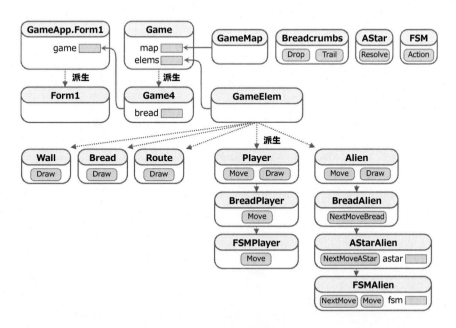

図 7-14　有限状態マシンゲームプログラムのクラス構成

第 8 章　機械学習と
　　　　ニューラルネットワーク

8.1　ニューラルネットワーク

❏ ニューロンモデル

　ニューラルネットワーク（Neural Network, NN）は人間の神経網を模倣するような情報処理システムであり，学習機能によるパターン認識に応用されています。
　ニューラルネットワークは，図 8-1 のようなニューロンモデル（単純パーセプトロン，Perceptron）を基本構造として，ニューロン（ユニット）をネットワーク状に結合して構成したものです。

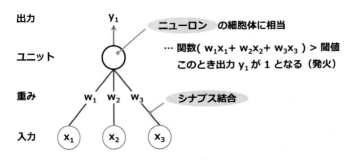

図 8-1　ニューロンモデル（単純パーセプトロン）

　人間のニューロンは，核となる細胞体と複数のシナプスで構成され，他のニューロンとネットワーク状に結合しています。そして複数のニューロンから送られた信号からそのニューロンの細胞体が活性化し，いわゆる発火状態となり，これを他のニューロンへと伝えていきます。このような神経ネットワークでは，学習

によって特定の刺激パターンを与えると発火して反応を示すようになります。それがパターンを学習して何であるかを判断するしくみとなるわけです。

ニューラルネットワークでの学習とは，ニューロン間を結合するシナプスの結合度合いを荷重値（重み）として記憶することです。例えば信号が `0.8` で重みが `0.5` なら伝えられる信号は `0.8×0.5=0.4` になります。

❏ ロジスティック回帰と学習

単純パーセプトロンの構造を持つ計算手法として，図 8-2 のロジスティック回帰（Logistic regression）モデルがあります。これは複数の変数（入力）から発生確率（出力）を予測する手法であり，例えば商品 A, B を購入した客が商品 C を購入する確率は？といった複数の変数に対する回帰分析（変数の関係性から値を予測すること）です。

ロジスティック回帰の構造は単純パーセプトロンと同じであり，ニューラルネットワークの一種と位置付けてもいいでしょう。出力計算にはロジスティック関数を用いて `0.0～1.0` の出力値をとります。

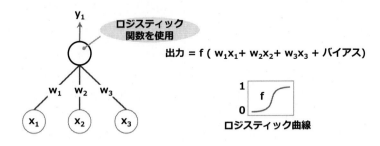

図 8-2　ロジスティック回帰モデル

ロジスティック回帰による出力が `0` か `1` かの 2 種類の判定機能を発展させ，さらに複数の種類を分類する多クラス分類ができます。図 8-3 の多クラスロジスティック回帰では，出力ユニットを複数にしてどの出力が `1` に近いかで，どのパターンであるかを分類するしくみです。出力計算にはソフトマックス関数を用いて

全出力合計が1になるように調整します。

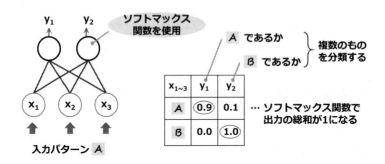

図8-3　多クラスロジスティック回帰

　多クラスロジスティック回帰は，パターン認識に使うことができます。それには入力パターンを与えて，それが何であるかを教える（教師信号を与える）といった「学習」処理を繰り返していきます。

　学習のしかたは，図8-4のように異なる種類のパターンを入力して，それぞれ何であるかを教えます。これは教師あり学習といいます。「教える」というのは，正しい出力信号を与えて，それに近づくように重みの値を修正することであり，この処理を繰り返すことが「学習」に相当します。

　適切に学習を終えると，学習に使ったパターンは正しく認識できます。そしてそれらとは多少違っているパターンでも認識できることがあります。これを汎化能力（generalization ability）といい，ニューラルネットワークの重要な目的のひとつです。例えば，手書き文字は同じ人間でさえ毎回微妙に異なる文字の形を描きますが，その微妙な違いを許容範囲として認識できる能力が汎化能力です。人間もこれと同じような能力を持っており，形や音などのパターンを認識するのに欠かせない機能です。

　ただし，学習処理を繰り返しすぎると，逆に汎化能力が失われていきます。これを過学習（overfitting）といいます。教えられたものと全く同じものは100%認識できるのに，少しでも異なると認識できなくなる極端な学習状態と言えるでしょう。

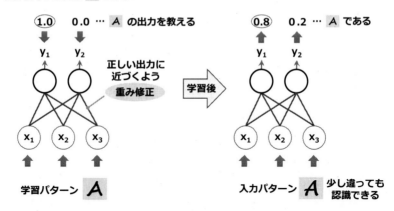

図 8-4 パターンの学習と汎化能力

❏ ロジスティック回帰パターン認識プログラム

リスト 8-1 は，ロジスティック回帰（多クラス分類）による簡単な文字パターン認識プログラムです。リスト 8-2 のロジスティック回帰クラスを追加します。

ソリューション：ex08，プロジェクト：LogisticApp，コンソール アプリ
リスト 8-1　Program.cs　ロジスティック回帰プログラム

```
using System;

namespace LogisticApp
{
  class Program
  {
    static void Main(string[] args)
    {
      new LogisticApp().Run();
      Console.ReadKey();     // 何かキーを押すまで停止
    }
  }

  // ロジスティック回帰アプリケーションクラス
  public class LogisticApp
  {
    int patN           = 4;                // パターン数
```

```
int trainN          = 1000;            // 学習回数
double learnRate    = 0.1;             // 学習率
protected double[][] trainData;        // 学習用データ
protected double[][] testData;         // 認識テストデータ

protected String[] trainDataString = {    // 学習用データ文字列
  "0000110000", "0001111000", "0001111000", "0000011000",
  "0000110000", "0011111100", "0011111100", "0000111000",
  "0001110000", "0110001110", "0110001110", "0000111000",
  "0001110000", "0110001110", "0110001110", "0001111000",
  "0000110000", "0000011100", "0000011100", "0011011000",
  "0000110000", "0000011000", "0000011100", "0011011000",
  "0000110000", "0001100000", "0110001110", "0111111110",
  "0000110000", "0011100000", "0110001110", "0111111110",
  "0000110000", "0111111110", "0011111100", "0000011000",
  "0000110000", "0111111110", "0001111000", "0000011000"
};
protected String[] testDataString = {     // 認識テストデータ文字列
  "0000000000", "0001110000", "0000111000", "0000000000",
  "0000011000", "0011011000", "0000111100", "0000001000",
  "0000011000", "0000001100", "0000001100", "0000011000",
  "0000011000", "0000001100", "0000001100", "0000110000",
  "0000011000", "0000001100", "0000011000", "0001100000",
  "0000110000", "0000011000", "0000011000", "0011000000",
  "0000110000", "0000110000", "0000000110", "0110011100",
  "0000110000", "0001100000", "0000000110", "1111111100",
  "0000110000", "0011111000", "0000011100", "0000110000",
  "0000000000", "0011111000", "0001110000", "0000100000"
};

protected double[][] teachData = {        // 教師データ
  new double[] { 1, 0, 0, 0 }, new double[] { 0, 1, 0, 0 },
  new double[] { 0, 0, 1, 0 }, new double[] { 0, 0, 0, 1 }
};

protected double[][] BuildData(String[] s, int r, int c)
{                                          // 文字列からデータを作成
  var n = r * c;              // 1パターンの要素数
  var x = new double[patN][];
  for (var i = 0; i < patN; i++) x[i] = new double[n];
  for (var i = 0; i < patN; i++) {
    for (var j = 0; j < n; j++) {
      var k = j / c * patN + i;
      var kk = j % c;
      x[i][j] = s[k][kk] == '1' ? 1.0 : 0.0;
```

```
      }
    }
    return x;
  }

  protected void Disp(double[][] data, int r, int c)  // データを表示
  {
    for (var i = 0; i < r; i++) {
      for (var j = 0; j < patN; j++) {
        for (var k = 0; k < c; k++) {
          var idx = i * c + k;
          Console.Write(data[j][idx] > 0 ? "#" : " ");
        }
        Console.Write(" | ");
      }
      Console.WriteLine();
    }
    Console.WriteLine();
  }

  public void Run()          // 実行
  {
    // データの初期化
    trainData = BuildData(trainDataString, 10, 10);
    testData = BuildData(testDataString, 10, 10);
    Console.WriteLine("== 学習データ入力 =="); Disp(trainData, 10, 10);
    Console.WriteLine("== 認識テスト入力 =="); Disp(testData, 10, 10);

    // 学習
    var lg = new Logistic(100, 4);
    lg.Train(trainData, teachData, patN, trainN, learnRate);

    // 認識テスト
    Console.WriteLine("== 認識テスト結果 ==");
    foreach (var d in testData) {
      lg.Forward(d);                                    // 認識
      for (var j = 0; j < lg.m; j++)
        Console.Write("{0:F2}¥t", lg.output[j]);        // 出力層表示
      var idx = lg.GetResult();                         // 認識結果
      Console.WriteLine(" => これは " + (idx + 1) + " です");
    }
  }
}
}
```

210　第 8 章　機械学習とニューラルネットワーク

リスト 8-2　Logistic.cs　ロジスティック回帰クラス

```
using System;

namespace LogisticApp
{
    // ロジスティック回帰クラス
    public class Logistic
    {
        public int n, m;                  // 入力数，出力数
        double[,] w;                      // 重み
        double[] b;                       // バイアス
        double[,] wDelta;                 // 重み修正値
        double[] bDelta;                  // 中間層修正値
        double[] bTmp;                    // 中間層作業変数
        public double[] output;           // 出力層
        double[] err;                     // 出力差
        Random rnd = new Random();        // ランダムジェネレータ

        public Logistic(int n, int m)
        {
            this.n = n; this.m = m;
            w = new double[m,n];
            b = new double[m];
            wDelta = new double[m,n];
            bDelta = new double[m];
            bTmp = new double[m];
            output = new double[m];
            err = new double[m];
            for (var i = 0; i < n; i++) {
                for (var j = 0; j < m; j++) w[j,i] = (rnd.NextDouble()*2-1) * 0.01;
            }
            for (var j = 0; j < m; j++) b[j] = 0.0;
        }

        void Softmax(double[] x)          // ソフトマックス関数
        {
            var s = 0.0;
            for (var i = 0; i < m; i++) { x[i] = Math.Exp(x[i]); s += x[i]; }
            for (var i = 0; i < m; i++) x[i] /= s;
        }

        public void Forward(double[] data)    // 出力計算
        {
            for (var j = 0; j < m; j++) {
```

8.1 ニューラルネットワーク

```
      output[j] = b[j];
      for (var i = 0; i<n; i++) output[j] += w[j,i] * data[i];
    }
    Softmax(output);
  }

  void AccumDelta(double[] x, double[] t)   // 修正量加算
  {
    for (var j = 0; j < m; j++) {
      var err = t[j] - output[j];
      bDelta[j] += err;
      for (var i = 0; i<n; i++)  wDelta[j,i] += err* x[i];
    }
  }

  public void Train(double[][] data, double[][] teach,
                    int patN, int trainN, double rate)   // 学習
  {
    for (var t = 0; t < trainN * patN; t++) {   // 学習ループ
      for (var j = 0; j < m; j++) {             // 修正量初期化ループ
        bDelta[j] = 0.0;
        for (var i = 0; i < n; i++) wDelta[j,i] = 0.0;
      }
      var idx = t % patN;
      Forward(data[idx]);                       // 出力計算
      AccumDelta(data[idx], teach[idx]);        // 修正量加算
      for (var j = 0; j < m; j++) {             // 修正量適用ループ
        b[j] += rate * bDelta[j];
        for (var i = 0; i < n; i++) w[j,i] += rate * wDelta[j,i];
      }
    }
  }

  public int GetResult()           // 最大の出力を認識結果と判定する
  {
    var max = 0.0;
    var idx = -1;
    for (var j = 0; j < m; j++) {
      if (output[j] > max) { max = output[j]; idx = j; }
    }
    return idx;
  }
 }
}
```

```
実行結果
== 学習データ入力 ==

       ##    |     ####    |     ####    |       ##
       ##    |    #####    |    #####    |      ###
      ###    |   ##   ###  |   ##   ###  |      ###
      ###    |   ##   ###  |   ##   ###  |     ####
       ##    |        ###  |        ###  |     ## ##
       ##    |       ###   |       ###   |    ##  ##
       ##    |     ##      |    ##  ###  |   ########
       ##    |    ###      |    ##  ###  |    #######
       ##    |   ########  |    #####    |        ##
       ##    |   #######   |     ####    |       ##

== 認識テスト入力 ==

              |     ###     |     ###     |
       ##     |    ## ##    |    ####     |        #
               |       ##   |       ##    |      ##
       ##     |       ##    |      ##     |      ##
       ##     |      ##     |      ##     |     ##
       ##     |     ##      |     ##      |    ##
       ##     |    ##       |        ##   |   ##  ###
       ##     |    ##       |        ##   |   ########
       ##     |   ####      |      ###    |        #
               |    ####    |      ###    |        #

== 認識テスト結果 ==
0.81    0.06    0.01    0.13  =>  これは 1 です
0.04    0.91    0.04    0.01  =>  これは 2 です
0.03    0.05    0.85    0.08  =>  これは 3 です
0.04    0.00    0.02    0.93  =>  これは 4 です
```

Logistic クラスにおいて，コンストラクタでは引数の入力数 n，出力数 m に基づいてネットワークを構築します．入力ユニットと出力ユニットを結ぶ重みである変数 w は，入出力の多対多の組み合わせの数だけ要素を作成します．w の初期値は，次のようなランダムな小さい値（±0.01 以内）にしておきます．

```
        w[j,i] = (rnd.NextDouble() * 2 - 1) * 0.01;
```

また，バイアスである変数 b は出力数の数だけ要素を作成します．バイアスはニューロンモデルにおける閾値としての役割を持つものです．

Forwardメソッドは入力dataから出力outputを計算し，さらにソフトマックス関数であるSoftmaxメソッドで出力値を最終決定します。Softmaxは出力の合計が1になるように全出力の合計で割り算して構成比を求めます。

Trainメソッドが学習を行うループであり，与えられた学習用パターンdataをもとにForwardメソッドで出力を計算し，出力を教師信号teachに近づけるようにAccumDeltaメソッドでwDeltaとbDeltaを計算していきます。wDeltaは重みwの修正量であり，bDeltaはバイアスbの修正量です。そうして各修正量によって重みとバイアスを修正していきます。この繰り返しが学習処理になります。言い換えると「1」の形をしたパターンが何であるか？その正解は「1」という数字であることを教え込むために，教師信号「1」を模範解答として与え，その値が出力されるようにニューラルネットワークを微調整していくのが学習処理です。

なおTrainの引数data, teachは，通常の2次元配列宣言の[,]ではなく，次のように[][]を用いて，ジャグ配列（jagged array，配列の配列）で宣言しています。C#ではC言語（2次元配列方式）とJava（ジャグ配列方式）の両方の配列宣言方式を使い分けることができます。ジャグ配列にすることで2次元配列の1次元部分をForward, AccumDeltaメソッドの引数に渡すことができ，また，要素ごとに異なるサイズを指定できる柔軟性があります。

```
public void Train(double[][] data, double[][] teach, … )
{
        :
    Forward(data[idx]);
    AccumDelta(data[idx], teach[idx]);
```

今回のパターン認識は，ロジスティック回帰プログラムを用いて1, 2, 3, 4の4つの数字パターンを学習して認識します。各数字パターンは見た目で分かりやすいように「#」と「 」の文字で信号の有無を表し，処理の前にそれらを「1.0」と「0.0」に置き換えて数値配列に変換します。そうして1と0によるパターンをロジスティック回帰の入力信号に使用します。学習パターンは，数字ごとに各1パターンで計4パターン用意し，これを1,000回ループで学習します。毎回の学習では，修正量に学習率learnRate=0.1を乗じ，少しずつ修正してこれを多数繰り返すようにします。

図 8-5 は学習完了後に 2 つの入力パターン群で認識テストした結果です。まず学習用パターンと同じものが入力されると出力も 1.00 つまり 100%の認識率で判定しています（図の左）。それに対し，学習パターンとやや異なる入力パターンでは，出力値は 1.00 よりも低下しています（図の右）。しかし多クラスロジスティック回帰では，出力の最大値を採用することで認識するので GetResult メソッドによって最も大きい出力の要素番号を結果とします。

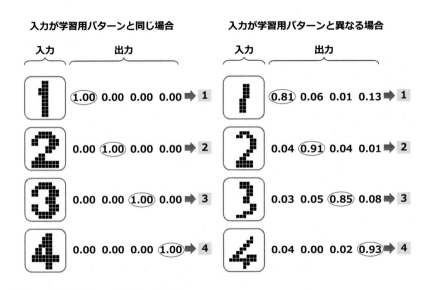

図 8-5　汎化能力によるパターン認識

このように入力パターンが学習時とやや異なっていても，0.8〜0.9 といった高い出力値によって，結果的に何であるかを認識することができます。つまり，汎化能力を持った柔軟性のある認識が人間のように可能になるわけです。なお，最大出力値が小さい場合は，誤認識している可能性があります。今回のようなデータでは，数字の「1」と「4」や「2」と「3」は，形が崩れると区別がつきにくくなることがあります。これは人間も機械も同じです。

8.2 多層パーセプトロン

❏ 線形分離不可能問題

　ロジスティック回帰の基本構造である単純パーセプトロンは，入力層と出力層で構成されます。複数の入力ユニットの信号から 1 つの出力ユニットの結果を得る際，図 8-6 のように入出力分布図において，線を引いて結果を〇と×のグループに分離することが可能であり，これを線形分離といいます。

　直線で分離するという考え方をしますが，出力の値を考えてみると 2 つの入力による 2 次元座標に出力の次元を加えた 3 次元座標における点集合で表され，それらを面（曲面）グラフで表したときに面の端から逆の端まで増加し続けるような形です。ちょうど山の斜面のような感じに似ています。例えば，山の高い部分に〇，低い部分に×が位置するといった感じの面グラフで表現できる 3 次元の入出力特性を持ちます。図 8-6 はそれを上から見ている状況です。

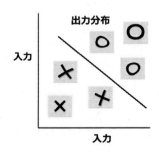

図 8-6　線形分離

　ここで問題なのは，線形分離ができないケースがあることです。それは 3 次元の入出力特性が単調な山の斜面の形でない場合です。

　具体例として，図 8-7 は論理演算の AND（論理積）と XOR（排他論理和）をニューラルネットワークで学習する場合の入出力分布です。AND の出力分布は 0 と 1 の 2 つのパターンを分離する線が引けますが，XOR の場合はそれができません。このようなケースを線形分離不可能問題といいます。

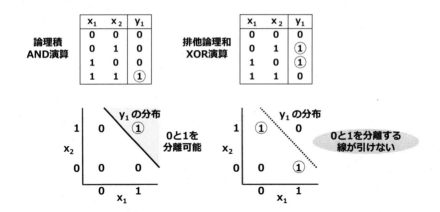

図 8-7　線形分離不可能問題

　これは，単純パーセプトロンが複雑なファンクションを学習できないという限界でもあります。単純パーセプトロンの構造では，入出力分布に線を 1 本しか描けません。2 本描ければ分離できますが，そのためにニューラルネットワークの構造を拡張する必要があります。

　また，XOR の 3 次元の入出力特性を想像すると，上から見て四角形の面において，対角線の両端（出力 1 の部分）が高いところにあり，別の対角線の両端（出力 0 の部分）が低いところにあるような，ねじれた感じの特性です。2 つの線で分離するということは，このように変形した入出力特性が作れるニューラルネットワークでなければなりません。

❑ 多層パーセプトロンとバックプロパゲーション

　線形分離不可能問題にも対応できるように拡張されたのが，図 8-8 の多層パーセプトロン（MultiLayer Perceptron, MLP）です。新たに中間層（隠れ層，hidden layer）を 1 層あるいは複数設けて，層どうしの各ユニットをすべて互いに接続したニューラルネットワークです。XOR のケースでは中間層 1 層で対応できます。入出力の特性は，例えると文房具の下敷きを用意して対角となる 2 つの端をそれぞれ両手でつまんで中心方向に力を加えてたわませたような曲面になります。図 8-8 の y_1 の分布は，曲面をちょうど上から見た感じです。

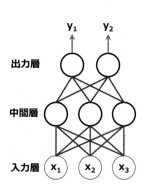 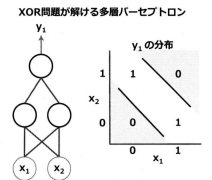

図 8-8　多層パーセプトロン

　多層パーセプトロンでは，中間層が増えたことで重みの修正法が変わります。基本的に出力信号と教師信号の差を使いますが，出力－中間，中間－入力の 2 段階の重みを修正します。バックプロパゲーション（誤差逆伝播学習法）は，出力側の修正量を入力側に伝搬させることで，複数の層でも学習できる手法です。

❏ 多層パーセプトロンプログラム

　リスト 8-3 は多層パーセプトロンプログラムで，リスト 8-4 のラスを追加します。今回は線形分離不可能問題の XOR 演算の学習・パターン認識を行います。

ソリューション：ex08，プロジェクト：MLPApp，コンソール アプリ

リスト 8-3　Program.cs　多層パーセプトロンプログラム

```
using System;

namespace MLPApp
{
  class Program
  {
    static void Main(string[] args)
    {
      new MLPApp().Run();
      Console.ReadKey();      // 何かキーを押すまで停止
    }
  }
}
```

```csharp
// ニューラルネットワークアプリケーションクラス
public class MLPApp
{
  int patN         = 4;      // パターン数
  int trainN       = 10000;  // 学習回数
  double learnRate = 0.1;    // 学習率
  double wMax      = 1.0;    // 重み初期化用

  double[][] trainData = {   // 学習データ(XOR, 線形分離不可能パターン)
    new double[] { 0, 0 }, new double[] { 0, 1 },
    new double[] { 1, 0 }, new double[] { 1, 1 }
  };
  double[][] teachData = {   // 教師データ
    new double[] { 0 }, new double[] { 1 },
    new double[] { 1 }, new double[] { 0 }
  };
  double[][] testData = {    // テストデータ
    new double[] { 0, 0 }, new double[] { 0, 1 },
    new double[] { 1, 0 }, new double[] { 1, 1 }
  };

  public void Run()
  {
    //ネットワーク生成(層数, 各層ユニット数)
    var mlp = new MLP(3, new int[] { 2, 2, 1 }, wMax);

    // 学習実行
    mlp.Train(trainData, teachData, patN, trainN, learnRate,
      (t, err) => {
        if (t % 1000 == 0) Console.Write("{0,5:D} {1:F6}\n", t, err);
      });

    // 認識テスト
    Console.WriteLine("--- 認識テスト ----------------\n入力\t\t出力");
    foreach (var d in testData) {
      mlp.Forward(d);
      for (var i = 0; i < d.Length; i++) {
        Console.Write("{0:F0}\t", d[i]);
      }
      for (var j = 0; j < mlp.unit[2].Length; j++) {
        Console.Write("{0:F2}\t", mlp.unit[2][j]);
      }
      Console.WriteLine();
    }
```

              }
           }
         }

リスト 8-4　MLP.cs　多層パーセプトロンクラス

```
using System;

namespace MLPApp
{
  // ニューラルネットワーク(多層パーセプトロン, Multi-Layer Perceptron)
  public class MLP
  {
    protected int layerN;             // 層の数
    protected int[] unitN;            // 各層のユニット数
    public double[][] unit;           // ユニット値
    protected double[][][] w;         // 重み
    protected double[][] delta;       // 重み修正量
    public int outLayer;              // 出力層の添え字
    protected double err;             // 出力差
    Random rnd = new Random();        // ランダムジェネレータ

    public MLP(int layerN, int[] unitN, double wMax)
    {
      // ネットワークの構築
      this.layerN = layerN;
      this.unitN = unitN;
      outLayer = layerN - 1;
      unit = new double[layerN][];
      delta = new double[layerN][];
      w = new double[layerN][][];
      for (var l = 0; l < layerN; l++) {
        var u = unitN[l];
        unit[l] = new double[u + (l == outLayer ? 0 : 1)];
        if (l < outLayer) unit[l][u] = 1.0;  // バイアス用ユニット(常に1)
        if (l > 0) {
          var v = unitN[l - 1] + 1;
          delta[l] = new double[u];
          w[l] = new double[u][];
          for (var i = 0; i < u; i++) w[l][i] = new double[v];
        }
      }
      // 重みの初期化
      for (var l = 1; l < layerN; l++) {
```

```
      for (var j = 0; j < unitN[l]; j++) {
        for (var i = 0; i < unitN[l - 1] + 1; i++) {
          w[l][j][i] = (rnd.NextDouble() * 2 - 1) * wMax;
        }
      }
    }
  }

  protected double Sigmoid(double x)            // シグモイド関数
  {
    return 1 / (1 + Math.Exp(-x));
  }

  void Softmax(double[] x)                      // ソフトマックス関数
  {
    if (x.Length == 1) {        // 出力ユニットが1個ならシグモイド関数で
      for (var i = 0; i < x.Length; i++) x[i] = Sigmoid(x[i]);
    } else {
      var s = 0.0;
      for (var i = 0; i < x.Length; i++) {
        x[i] = Math.Exp(x[i]);
        s += x[i];
      }
      for (int i = 0; i < x.Length; i++) x[i] /= s;
    }
  }

  public void Forward(double[] d)               // 順伝搬
  {
    // 入力層の値セット
    for (var j = 0; j < unitN[0]; j++) unit[0][j] = d[j];
    // 中間層の値計算ループ
    for (var l = 0; l < outLayer - 1; l++) {
      for (var j = 0; j < unitN[l + 1]; j++) {
        var s = 0.0;
        for (var i = 0; i < unitN[l] + 1; i++) {
          s += w[l + 1][j][i] * unit[l][i];
        }
        unit[l + 1][j] = Sigmoid(s);
      }
    }
    // 出力層の値計算（多クラス分類）
    for (var j = 0; j < unitN[outLayer]; j++) {
      unit[outLayer][j] = 0.0;
      for (var i = 0; i < unitN[outLayer - 1] + 1; i++) {
```

8.2 多層パーセプトロン

```
      unit[outLayer][j] +=
        w[outLayer][j][i] * unit[outLayer - 1][i];
    }
  }
  Softmax(unit[outLayer]);
}

void BackPropagate(double[] d, double[] t)       // 逆伝搬
{
  for (var j = 0; j < unitN[outLayer]; j++) {    // 出力層
    var e = t[j] - unit[outLayer][j];
    delta[outLayer][j] = e;
    err += e * e;
  }
  for (var l = outLayer - 1; l > 0; l--) {       // 中間層
    for (var j = 0; j < unitN[l]; j++) {
      var df = unit[l][j] * (1.0 - unit[l][j]);
      var s = 0.0;
      for (var k = 0; k < unitN[l + 1]; k++) {
        s += delta[l + 1][k] * w[l + 1][k][j];
      }
      delta[l][j] = df * s;
    }
  }
}

void Update(double rate)                         // 重み更新
{
  for (int l = layerN - 1; l > 0; l--) {
    for (int j = 0; j < unitN[l]; j++) {
      for (int i = 0; i < unitN[l - 1] + 1; i++) {
        w[l][j][i] += rate * delta[l][j] * unit[l - 1][i];
      }
    }
  }
}

public void Train(double[][] data, double[][] teach, int patN, int trainN,
              double learnRate, Action<int,double> fun = null)   // 学習
{
  for (var t = 0; t < trainN; t++) {             // 学習ループ
    err = 0.0;
    for (var p = 0; p < patN; p++) {             // パターンループ
      Forward(data[p]);                          // 順伝搬
      BackPropagate(data[p], teach[p]);          // 逆伝搬
```

```csharp
        Update(learnRate);                    // 重み更新
      }
      // 学習レポート関数の呼び出し（学習回数とエラーの値を使う何らかの処理）
      if (fun != null) fun(t, err / patN / unitN[layerN - 1]);
    }
  }

  public int GetResult()                      // 最大の出力を認識結果と判定する
  {
    var max = 0.0;
    var idx = -1;
    var output = unit[layerN - 1];
    for (var j = 0; j < output.Length; j++) {
      if (output[j] > max) {
        max = output[j];
        idx = j;
      }
    }
    return idx;
  }
}
```

実行結果

```
   0  0.284959        … ラムダ式による学習回数と平均誤差の表示
1000  0.172339
2000  0.000887
3000  0.000183
4000  0.000075
5000  0.000040
6000  0.000025
7000  0.000017
8000  0.000012
9000  0.000009
--- 認識テスト ----------------
入力       出力
0   0     0.00       … XOR演算を学習している！
0   1     1.00
1   0     1.00
1   1     0.00
```

　本プログラムは，入力層，中間層，出力層の3層を用意し，各ユニット数を2，2，1として，次のように多層パーセプトロンを生成しています．

8.2 多層パーセプトロン

```
var mlp = new MLP(3, new int[] { 2, 2, 1 }, wMax);
```

入力パターンは XOR の 2 入力 4 パターン，出力の教師信号は XOR の 1 出力 4 パターン，認識テスト用パターンは入力パターンと同じものを，それぞれ次のように与えます。そして学習回数を 10,000 回，学習率を 0.1 として学習します。

```
trainData … { 0, 0 }, { 0, 1 }, { 1, 0 }, { 1, 1 }   … 学習データ
teachData … { 0 },    { 1 },    { 1 },    { 0 }      … 教師データ
testData  … { 0, 0 }, { 0, 1 }, { 1, 0 }, { 1, 1 }   … テストデータ
```

中間層および出力層の値は，バイアスを用いて計算しますが，ネットワークが複雑化しバイアスの扱いが面倒になってくるので，バイアスを重みの一部に加えて重みと同じ計算が適用できるようにしています。実際には，図 8-9 のようなニューラルネットワークの構造になっています。この構造では，入力層－中間層および中間層－出力層の重みは，バイアスユニット（常に値は 1）を設けて増やしてあります。追加された重み（線の部分）とユニット（○の部分）は，データ上，重み変数とユニット変数の配列最後尾に要素を 1 つ増やして追加してあります。

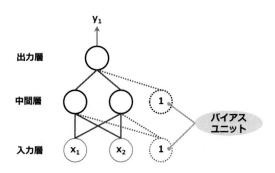

図 8-9　XOR 機能を学習する多層パーセプトロンの実際の構造

図 8-10 はネットワークのデータ構造です。構成は入力 2 個，中間 2 個，出力 1 個の 3 層構造で，出力層以外にはバイアスユニットが 1 個追加されます。重みは入力層以外のユニットに対し接続する下位ユニットすべてにネットワークを接続

する形をとります。ユニット変数 unit には入力値や各層でのユニットの出力値を格納し，重み変数 w には最初ランダムな正負の値を格納し，学習とともに w を修正していきます。unit は 2 次元の，また w は 3 次元のジャグ配列で表します。各配列変数は，MLP クラスのコンストラクタに与えられる層数と各層ユニット数に応じて動的に生成され，今回のケースでは図 8-11 のようになり，要素によってサイズ（要素数）が異なる配列がジャグ配列で構築されます。

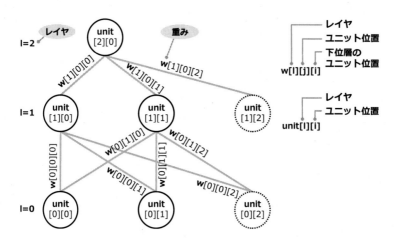

図 8-10　多層パーセプトロンのデータ構造

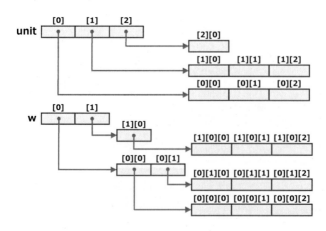

図 8-11　多層パーセプトロンの配列構造

8.2 多層パーセプトロン

　MLP クラスでは，中間層の値を求めるための関数として，シグモイド関数（Sigmoid メソッド）を用います。また出力層の値は多クラス分類のソフトマックス関数（Softmax メソッド）を用い，ただし出力ユニットが 1 個の場合は多クラス分類が不要なので単純に Sigmoid で計算します。バックプロパゲーション機能である BackPropagate メソッドは，重みの修正量を計算し，出力層から中間層へと修正量を伝えるようにしています。Train メソッドは学習回数の分だけ学習ループを実行します。ループ中で各パターンによる学習を行い Forward で出力値を求め，次に BackPropagate で教師信号との誤差を逆伝搬させて学習します。

　MLP クラスの Train の引数 fun は，次のように C# の Action デリゲートとして宣言され，ラムダ式を受け取って学習ループの中で呼び出されるようにしています。引数 fun にラムダ式が与えられた場合，fun に学習回数 t と出力ユニット 1 個あたりの平均誤差を渡して呼び出します。学習過程の誤差は変数 err に蓄積しており，これをパターン数と出力ユニット数で割れば平均誤差が得られます。

```
public void Train(      …        Action<int, double> fun = null)
   :
  if (fun != null) fun(t, err / patN / unitN[layerN-1]);
```

　MLPApp クラス側での Train の呼び出しは，次のようなラムダ式が与えられており，fun は学習回数 1,000 回おきに，学習回数と平均誤差をコンソール出力する関数内容です。このような関数型プログラミングにしておくことで，例えば学習経過をグラフィックスでグラフ表示するなどの応用ができます。

```
// 学習実行
mlp.Train(trainData, teachData, patN, trainN, learnRate,
  (t, err) => {
    if (t % 1000 == 0) Console.Write("{0,5:D} {1:F6}¥n", t, err);
  });
```

　先の実行結果では，平均誤差は初回学習の 0.284959 から順調に低下し，9,000 回目では 0.000009 という十分小さな誤差になり，誤差が収束していく良好な学習になっています。しかし，このプログラムを何度も実行していくと，次のように正しい結果が得られないケースがあります。誤差を見ると，大きい値で停滞し

学習が進行していないことがわかります。

```
実行結果
    0  0.293172
 1000  0.137319
 2000  0.130880
 3000  0.129721
 4000  0.129251
 5000  0.128998
 6000  0.128841
 7000  0.128734
 8000  0.128657
 9000  0.128599
--- 認識テスト ----------------
入力    出力
0   0   0.00
0   1   0.49
1   0   1.00
1   1   0.49
```

　このような現象について，通常重みの修正は例えば二次曲線の極小値に向かっていくように変化していき，やがて最適解としての極小値に落ち着きます。しかし，単純な二次曲線でなかったなら，そこは最適解でない場合があります。これを局所解（ローカルミニマム，local minimum）といい，ローカルミニマムに陥ると，なかなかそこから脱することができず，平均誤差があまり変化せずに学習が停滞してしまうことがあります。バックプロパゲーションにはこのような欠点があり，XOR問題では何回かの割合でローカルミニマムに陥ってしまいます。

第 9 章　ディープラーニングの基礎

9.1　深層学習の準備

❏ ディープラーニング

　ディープラーニング（Deep Learning，深層学習）は，多層化構造つまり何段もの層によるニューラルネットワークを構成し，例えば画像や音声の認識精度を高めようとする機械学習技術です。

　この技術では，認識精度だけでなく膨大なデータから特徴を見つけ出すという機能（特徴抽出）が注目されています。これは，ビッグデータの分析や予測などへの応用，新たな技術やサービスへと発展する可能性があります。教師信号としてパターンのイメージを学習し，それに近いものを認識するだけでなく，パターンに含まれる特徴を自ら学習する機能は人間の認識能力に近いとも言われ，自らものを学習するコンピュータ技術の可能性に期待が寄せられています。

　従来の機械学習では，教師あり学習によって識別するという学習手法が多く用いられていましたが，ディープラーニングでは教師なし学習を活用しています。これをプレトレーニングと呼ばれる前段階の処理に用いることで，多層化されたネットワークの重みをよい状態に学習させます。その後，仕上げとしてファインチューニングという教師あり学習によって，識別結果を目的の答えに分類できるようにします。本章では，これらの教師なし学習を用いたオートエンコーダによる機械学習をディープラーニングの基礎として取り上げ，プログラムを作成しながら動作を見ていきます。

❏ 手書き文字データ・ユーティリティプログラム

　本章では，手書き文字認識を題材にディープラーニングのプログラミングを行います。手書き文字データとしては広く用いられている次の MNIST データセット

228　第 9 章　ディープラーニングの基礎

の 0〜9 の手書き文字データを使用します．このデータでは，60,000 件の学習用イメージ（手書き画像）と，そのラベル（0〜9 の教師信号に相当），さらに 10,000 件の認識テスト用イメージとラベルが提供されています．

　　MNIST データセット：　http://yann.lecun.com/exdb/mnist/

　リスト 9-1 は手書き文字データ・ユーティリティプログラムです．データファイルの読み込みとデータ可視化を行うものです．

ソリューション：ex09, プロジェクト：VisualizerApp, Windows フォーム アプリケーション
リスト 9-1　Program.cs　手書き文字データ・ユーティリティプログラム

```csharp
using System;

namespace VisualizerApp
{
  class Program
  {
    static void Main(string[] args)     // 動作確認用
    {
      var r = 10;
      var c = 10;

      // イメージを100個読み込む
      Data.ReadImage("train-images.idx3-ubyte", 100);
      // ラベルを100個読み込む
      Data.ReadLabel("train-labels.idx1-ubyte", 100);

      // ラベルの表示
      for (var i = 0; i < r; i++) {
        for (var j = 0; j < c; j++) {
          Console.Write("{0:D} ", Data.labelData[i * c + j]);
        }
        Console.WriteLine();
      }

      // 画像の表示
      new Visualizer("データ画像", 28, 28, r, c, 1)
                  .DispDataImage(Data.GetData(Data.imgData));
      Console.ReadKey();
    }
```

```
        }
}
```

❏ データ読み込みクラス

リスト 9-2 のデータ読み込みクラスを追加します。ReadImage と ReadLabel メソッドがそれぞれを読み込む機能であり，次のようにデータファイル名と何件まで読み込むかを指定して使います。読み込んだデータは，パターンごとの配列データとして返されます。

Data.ReadImage(MNIST イメージファイル名，件数)
Data.ReadLabel(MNIST ラベルファイル名，件数)

リスト 9-2　Data.cs　データ読み込みクラス

```
using System;
using System.IO;

namespace VisualizerApp
{
  public class Data
  {
    public static byte[][] imgData;
    public static byte[] labelData;
    static int w = 0;
    static int h = 0;
    static byte[] buf = new byte[4];

    static int ReadInt(BinaryReader rd)      // 4バイト整数として読み込む
    {
      var b = rd.ReadBytes(4);
      return b[0] << 24 | b[1] << 16 | b[2] << 8 | b[3];
    }

    static void ReadFile(String fileName, Action<BinaryReader> fun)
    {                                                  // ファイルの読み込み
      using (var st = File.OpenRead("..¥¥..¥¥..¥¥" + fileName)) {
        using (var rd = new BinaryReader(st)) {
          ReadInt(rd);     // magic numberを読み飛ばしておく
          fun(rd);         // funにそれぞれの処理をさせる
        }
```

```
    }
  }

  public static double[][] ReadImage(String fileName, int m)
  {                                      // イメージの読み込み
    ReadFile(fileName, rd => {
      var num = ReadInt(rd);      // イメージ数
      h = ReadInt(rd);            // 縦サイズ
      w = ReadInt(rd);            // 横サイズ
      var n = m > 0 ? m : num;
      var size = h * w;
      imgData = new byte[n][];
      for (var i = 0; i < n; i++) {
        imgData[i] = rd.ReadBytes(size);
      }
      Console.Write("Image loaded: {0:D}/{1:D}\n", n, num);
    });
    return GetData(imgData); // パターン数×イメージ(double型配列)を返す
  }

  public static double[][] ReadLabel(String fileName, int m)
  {                                      // ラベルの読み込み
    ReadFile(fileName, rd => {
      var num = ReadInt(rd);      // ラベル数
      var n = m > 0 ? m : num;
      labelData = rd.ReadBytes(n);
      Console.Write("Label loaded: {0:D}/{1:D}\n", n, num);
    });
    return GetLabel(labelData); //パターン数×ラベル(double型配列)を返す
  }

  public static double[][] GetData(byte[][] img)
  {                          // イメージデータを0.0-1.0のレンジに変換する
    var d = new double[img.Length][];
    for (var i = 0; i < img.Length; i++) {
      d[i] = new double[img[i].Length];
      for (var j = 0; j < img[i].Length; j++) {
        d[i][j] = (img[i][j] & 0xFF) / 255.0;
      }
    }
    return d;
  }

  public static double[][] GetLabel(byte[] label)
  {                          // ラベルデータ1個を0~9に対応させた配列にする
```

```
      var d = new double[label.Length][];
      for (var i = 0; i < label.Length; i++) {
        var v = labelData[i];
        d[i] = new double[10];
        d[i][v] = 1.0;
      }
      return d;
    }
  }
}
```

ReadFileメソッドでは，引数 fun にデリゲートを用いて，ReadFile の呼び出し側でラムダ式が使えるようにしています．次の処理部分は，画像読み込み用の ReadImage およびラベル読み込み用の ReadLabel において，ReadFile にラムダ式を与えているところです．両者のラムダ式本体は，画像とラベルの異なった入力処理を行いますが，ファイルアクセスのオープンやクローズといった共通基盤は ReadFile 側に任せており，汎用性が高く記述も簡潔になっています．

```
    public static double[][] ReadImage(String fileName, int m)
    {
      ReadFile(fileName, rd => {
        ： (rdを使ってファイルアクセス，画像データを読み込む）
      });
      ：

    public static double[][] ReadLabel(String fileName, int m)    {
      ReadFile(fileName, rd => {
        ： (rdを使ってファイルアクセス，ラベルデータを読み込む）
      });
      ：
```

ファイルから読み込んだデータを，ニューラルネットワークで使用するためには，入力層用に 0〜255 の画素値を 0.0〜1.0 に変換し，出力層用にラベルの 0〜9 の数値を，出力ユニット 0〜9 に対する 0.0 と 1.0 による教師信号パターンに変換します．画素値変換には GetData メソッドを，ラベル変換には GetLabel メソッドを用います．

❏ データ可視化クラス

次に，リスト 9-3 のデータ可視化クラスを追加します．これによって，入出力画像の表示や重みの視覚化ができ，学習状態などを確認できます．次のようにイメージの幅と高さ，表示の行数と列数，そして表示倍率を与えて呼び出すとグラフィックスウィンドウで表示されます．

```
new Visualizer(幅,高さ,行,列,倍率).DispDataImage(入出力データ)
new Visualizer(幅,高さ,行,列,倍率).DispWeightImage(重みデータ)
```

リスト 9-3　Visualizer.cs　データ可視化クラス

```
using System;
using System.Windows.Forms;   // 参照の追加→アセンブリ→System.Windows.Forms
using System.Drawing;         // 参照の追加→アセンブリ→System.Drawing
using System.Drawing.Imaging;
using System.Runtime.InteropServices;
using System.Threading;
using System.Threading.Tasks;

namespace VisualizerApp
{
  // イメージ可視化クラス
  public class Visualizer
  {
    class VisualizerForm : Form
    {
      Visualizer vis;

      public VisualizerForm(Visualizer parent)
      {
        this.vis = parent;
        Paint += new PaintEventHandler(VisualizerForm_Paint);
                                        // イベントハンドラの設定
      }

      void VisualizerForm_Paint(object sender, PaintEventArgs e)
      {
        vis.Draw(e.Graphics);
      }
    }
```

9.1 深層学習の準備　233

```csharp
VisualizerForm frm;
int w, h;                    // イメージ幅と高さ
int r, c;                    // 表示行数と列数
double scale = 1.0;          // 表示スケール
byte[][] imgData = null;     // 作業用

public Visualizer(string title, int w, int h, int r, int c, double scale)
{
  this.w = w;
  this.h = h;
  this.r = r;
  this.c = c;
  this.scale = scale;
  var inited = false;
  Task.Run(() => {                         // フォーム用スレッドを起動
    frm = new VisualizerForm(this);
    frm.Text = title;
    frm.ClientSize = new Size(
        (int)(scale*((w+1)*c+1)), (int)(scale*((h+1)*r+1)));
    inited = true;
    Application.Run(frm);
  });
  while (!inited) Thread.Sleep(1);     // フォームが初期化されるまで待つ
}

void Draw(Graphics g)            // 描画処理
{
  if (imgData != null) {
    for (var i = 0; i < r; i++) {
      for (var j = 0; j < c; j++) {
        g.DrawImage(GetImage(i*c+j),
          (int)(scale*(j*(w+1)+1)), (int)(scale*(i*(h+1)+1)),
          (int)(scale*w), (int)(scale*h));
      }
    }
  }
}

public void DispDataImage(double[][] data)   // 入出力のイメージ表示
{
  DispDataImage(data, data.Length);
}

public void DispDataImage(double[][] data, int n)
```

```csharp
{                                         // 入出力のイメージ表示(n個まで)
  imgData = new byte[n][];
  for (var i = 0; i < n; i++) {
    imgData[i] = new byte[data[i].Length];
    for (var j = 0; j < data[i].Length; j++) {
      imgData[i][j] = (byte)(data[i][j] * 255);
    }
  }
  frm.Invalidate();
}

public void DispWeightImage(double[][] weight)  // 重みのイメージ表示
{
  imgData = new byte[weight.Length][];
  for (var i = 0; i < weight.Length; i++) {
    var v = weight[i];
    imgData[i] = new byte[v.Length];
    var size = w * h;
    // 重みの最小値-最大値を、画素値0-255に変換する
    var mi = Double.MaxValue;
    var mx = Double.MinValue;
    for (int j = 0; j < v.Length; j++) {
      if (v[j] > mx) mx = v[j];
      else if (v[j] < mi) mi = v[j];
    }
    var rg = mx - mi;
    for (var j = 0; j < v.Length; j++) {
      imgData[i][j] = (byte)((v[j] - mi) / rg * 255);
    }
  }
  frm.Invalidate();
}

Image GetImage(int idx)          // バイトデータから画像オブジェクトに変換
{
  var d = imgData[idx];
  var x = new byte[d.Length * 3];
  var j = 0;
  for (var i = 0; i < d.Length; i++) {
    x[j++] = x[j++] = x[j++] = d[i];
  }
  var bmp = new Bitmap(w, h, PixelFormat.Format24bppRgb);
  var bd = bmp.LockBits(new Rectangle(0, 0, w, h),
           ImageLockMode.WriteOnly, PixelFormat.Format24bppRgb);
  Marshal.Copy(x, 0, bd.Scan0, x.Length);
```

```
        bmp.UnlockBits(bd);
        return bmp;
    }
  }
}
```

　`DispDataImage` メソッドでは，入出力の手書き文字画像などを表示する際，0.0〜1.0 のデータを黒〜白の色で描画しています。また，`DispWeightImage` メソッドでは，重みの値を可視化する際，入力層から 1 個の中間層につながっているすべての重みを 1 マスに描画します。このとき，重みの値は符号や大きさがバラバラで数値範囲も一定ではありません。そこで，表示の各マスにおいて，重みの最小値〜最大値の数値範囲を黒〜白に正規化して描画しています。これによって，マス内の各ドットで表示された重みについて，おおよそ比較ができます。

　本プロジェクトを実行したものが次の実行結果および図 9-1 です。今回は学習用データの読み込みと表示のテストをしています（この場合，重みの可視化と違い，単にイメージの表示なので特に可視化と呼ばなくてもよい）。なお，`MNIST` の学習用データとそのラベルデータとして，次のファイルを使用しており，ファイルに含まれるデータの 100 件までを処理対象としています。

　学習用イメージファイル：　`train-images.idx3-ubyte` （60,000 件）
　学習用ラベルファイル：　`train-labels.idx1-ubyte` （60,000 件）

実行結果
```
Image loaded: 100/60000
Label loaded: 100/60000
5 0 4 1 9 2 1 3 1 4
3 5 3 6 1 7 2 8 6 9
4 0 9 1 1 2 4 3 2 7
3 8 6 9 0 5 6 0 7 6
1 8 7 9 3 9 8 5 9 3
3 0 7 4 9 8 0 9 4 1
4 4 6 0 4 5 6 1 0 0
1 7 1 6 3 0 2 1 1 7
9 0 2 6 7 8 3 9 0 4
6 7 4 6 8 0 7 8 3 1
```

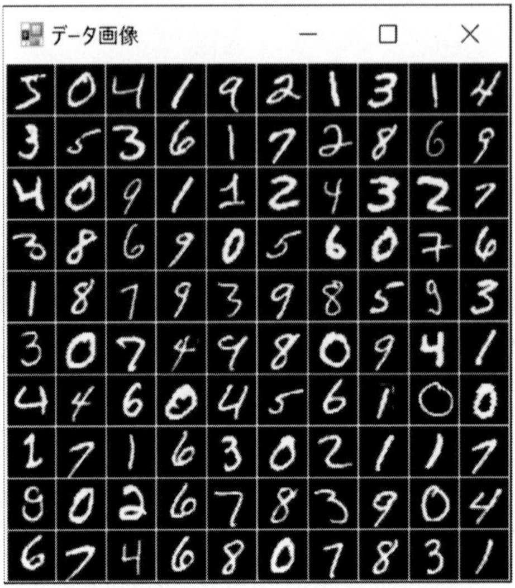

図 9-1　学習用イメージの表示結果

9.2　オートエンコーダ

❏ オートエンコーダの機能と構造

　ディープラーニングの基礎として，オートエンコーダ（Autoencoder, AE, 自己符号化器）のしくみとプログラムを見ていきましょう。オートエンコーダは，単体でパターン認識するのではなく，層の深いニューラルネットワーク（ディープニューラルネットワーク）の構成部品として機能します。

　オートエンコーダは，教師なし学習を用いたニューラルネットワークであり，教師なし学習というのは，図 9-2 のように入力信号と同じものが出力信号として得られるように，入力信号をそのまま教師信号に用いた学習を意味します。入力信号を別のものに変換（エンコード, encode）して，もとに戻す（デコード, decode）様子からオートエンコーダと呼ばれます。

9.2 オートエンコーダ

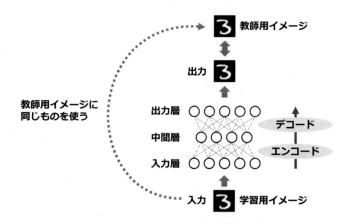

図 9-2　オートエンコーダの機能

　オートエンコーダは，図 9-3 のような 3 層構造をしています。入力層に与えられた値はエンコードによって中間層の値が求められ，さらにデコードによって出力層の値へと変換されます。学習処理では出力＝入力となるように重みを更新していくわけです。なお入力層と出力層は同じユニット数になります。

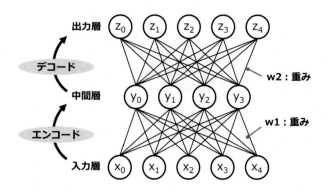

図 9-3　オートエンコーダの構造

　オートエンコーダの処理では，ロジスティック関数であるシグモイド関数および確率的勾配降下法（Stochastic Gradient Descent，SGD）を用います。図 9-

4における中間層の信号 y_1 の値は，入力信号 x_0〜x_4 と重み $w1_{10}$〜$w1_{14}$ の荷重和およびバイアス $b1_1$ との和を求めシグモイド関数に与えて算出します。

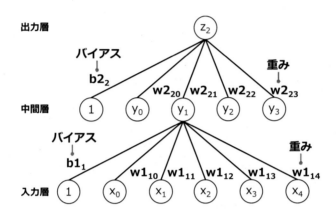

図 9-4　オートエンコーダの重みとバイアス

　出力信号も同様に y，w2，b2 をもとに算出します。このとき重み w2 は w1 の転置（$w1_{ji}$ → $w2_{ij}$）とし，プログラムでは同じ変数 w で重みを共有します（tied weight）。学習手法として SGD および一定数のパターンごとにまとめて重みを更新するミニバッチ更新を用います。ミニバッチでは処理効率が良く，学習の収束が安定する傾向があります。

❏ オートエンコーダプログラム

　リスト 9-4 は，実際に MNIST データを用いて学習を行うオートエンコーダプログラムであり，入出力および重みを可視化します。

ソリューション：ex09，プロジェクト：AEApp，コンソール アプリ
リスト 9-4　Program.cs　オートエンコーダプログラム

```
using VisualizerApp;         // 参照の追加→プロジェクト→VisualizerApp
using System;

namespace AEApp
```

9.2 オートエンコーダ

```
{
  class Program
  {
    static void Main(string[] args)
    {
      var patN        = 1000;     // パターン数(～ 60000)
      var inputN      = 784;      // 入力層ユニット数
      var middleN     = 400;      // 中間層ユニット数
      var trainN      = 10;       // 学習回数
      var batchSize   = 20;       // バッチサイズ
      var learnRate   = 0.01;     // 学習率

      // 学習画像データ読み込み
      var trainData = Data.ReadImage("train-images.idx3-ubyte", patN);

      // オートエンコーダ生成
      var ae = new AE(inputN, middleN);

      // 学習
      ae.Train(trainData, patN, trainN, batchSize, learnRate,
        (t, total) => {
          if (((t+1) * 100.0 / total) % 10 == 0)
            Console.Write("{0,3:F0}%¥n", t * 100.0 / total);
                                                      // 処理%表示
        });

      // 表示用入出力データの用意(最初の100件を対象)
      var n = 100;
      var output = new double[n][];          //   出力用
      for (var i = 0; i < n; i++) {
        ae.Reconstruct(trainData[i]);        // オートエンコーダ実行
        output[i] = (double[])ae.z.Clone();  // 出力をコピー
      }

      // 画像表示
      new Visualizer("入力画像", 28, 28, 10, 10, 1).
                              DispDataImage(trainData, n);
      new Visualizer("出力画像", 28, 28, 10, 10, 1).
                              DispDataImage(output, n);
      new Visualizer("重み可視化", 28, 28, 20, 20, 1).
                              DispWeightImage(ae.w);
      Console.ReadKey();
    }
  }
}
```

```
}
```

　リスト 9-5 のオートエンコーダクラスを追加します。この AE クラスはコンストラクタに入力層と中間層の次元数を与えて構築します。Train メソッドには学習パターンの配列，パターン数，学習回数，ミニバッチサイズ，学習率を与えて学習します。Reconstruct メソッドは，入力から出力を得る再構築処理であり，ニューラルネットワークにおける順伝搬あるいは想起に相当します。

リスト 9-5　AE.cs　オートエンコーダクラス

```
using System;
using System.Linq;

namespace AEApp
{
  // オートエンコーダクラス（AutoEncoder）
  public class AE
  {
    protected int n;                         // 入出力ユニット数
    public int m;                            // 中間ユニット数
    protected double[] y;                    // 中間層
    public double[] z;                       // 出力層
    public double[][] w;                     // ランダムな重み
    public double[] b1;                      // バイアス1
    protected double[] b2;                   // バイアス2
    protected double[][] wDelta;             // 重み修正値
    protected double[] b1Delta;              // 中間層修正値
    protected double[] b2Delta;              // 出力層修正値
    protected double[] b1Tmp;                // 中間層作業変数
    protected double[] b2Tmp;                // 出力層作業変数
    protected Random rnd = new Random();     // ランダムジェネレータ

    public AE(int n, int m)
    {
      this.n = n; this.m = m;
      y = new double[m];
      z = new double[n];
      w = new double[m][];
      for (var j = 0; j < m; j++) {
        w[j] = new double[n];
        for (var i = 0; i < n; i++)
```

9.2 オートエンコーダ 241

```
      w[j][i] = (rnd.NextDouble() * 2 - 1) * 0.01;
   }
   b1 = Enumerable.Repeat<double>(0.0, m).ToArray();
   b2 = Enumerable.Repeat<double>(0.0, n).ToArray();
   wDelta = new double[m][];
   for (var j = 0; j < m; j++) wDelta[j] = new double[n];
   b1Delta = new double[m];
   b2Delta = new double[n];
   b1Tmp = new double[m];
   b2Tmp = new double[n];
}

protected double Sigmoid(double x)              // シグモイド関数
{
   return 1 / (1 + Math.Exp(-x));
}

protected void Encode(double[] x, double[] y)   // エンコード
{
   for (var j = 0; j < m; j++) {
      var s = 0.0;
      for (var i = 0; i < n; i++) s += w[j][i] * x[i];
      y[j] = Sigmoid(s + b1[j]);
   }
}

protected void Decode(double[] y, double[] z)   // デコード
{
   for (var i = 0; i < n; i++) {
      var s = 0.0;
      for (var j = 0; j < m; j++) s += w[j][i] * y[j];
      z[i] = Sigmoid(s + b2[i]);
   }
}

public void Reconstruct(double[] data)          // 入力信号の再構築
{
   Encode(data, y);    // エンコード
   Decode(y, z);       // デコード
}

protected void InitDelta()                      // 誤差修正値初期化
{
   for (var i = 0; i < n; i++) b2Delta[i] = 0.0;
   for (var j = 0; j < m; j++) {
```

```
      b1Delta[j] = 0.0;
      for (var i = 0; i < n; i++) wDelta[j][i] = 0.0;
    }
  }

  void AccumDelta(double[] x)              // 誤差修正値蓄積
  {
    for (int i = 0; i < n; i++) {
      b2Tmp[i] = x[i] - z[i];
      b2Delta[i] += b2Tmp[i];
    }
    for (var j = 0; j < m; j++) {
      var s = 0.0;
      for (var i = 0; i < n; i++) s += w[j][i] * b2Tmp[i];
      b1Tmp[j] = s * y[j] * (1 - y[j]);
      b1Delta[j] += b1Tmp[j];
      for (var i = 0; i < n; i++)
        wDelta[j][i] += b1Tmp[j] * x[i] + b2Tmp[i] * y[j];
    }
  }

  public void Train(double[][] data, int patN, int trainN,
      int batchSize, double lRate, Action<int, int> fun = null)
  {                                         // 学習
    var total = trainN * patN / batchSize;
    for (var t = 0; t < total; t++) {       // 学習ループ
      InitDelta();                          // 誤差修正値初期化
      for (var i = 0; i < batchSize; i++) { // ミニバッチループ
        var idx = (t * batchSize + i) % patN;
        Reconstruct(data[idx]);             // 入力信号の再構築
        AccumDelta(data[idx]);              // 誤差修正値蓄積
      }
      for (var i = 0; i < n; i++)
        b2[i] += lRate * b2Delta[i];        // 出力層バイアス修正
      for (var j = 0; j < m; j++) {
        b1[j] += lRate * b1Delta[j];        // 中間層バイアス修正
        for (var i = 0; i < n; i++)
          w[j][i] += lRate * wDelta[j][i];  // 重み修正
      }
      if (fun != null) fun(t, total);       // 進捗処理
    }
  }
 }
}
```

MNIST のデータ処理は非常に処理時間がかかるため，リスト 9-4 では patN=1000 にしてありますが，ここではパターン数 patN=60000 で実行しました。

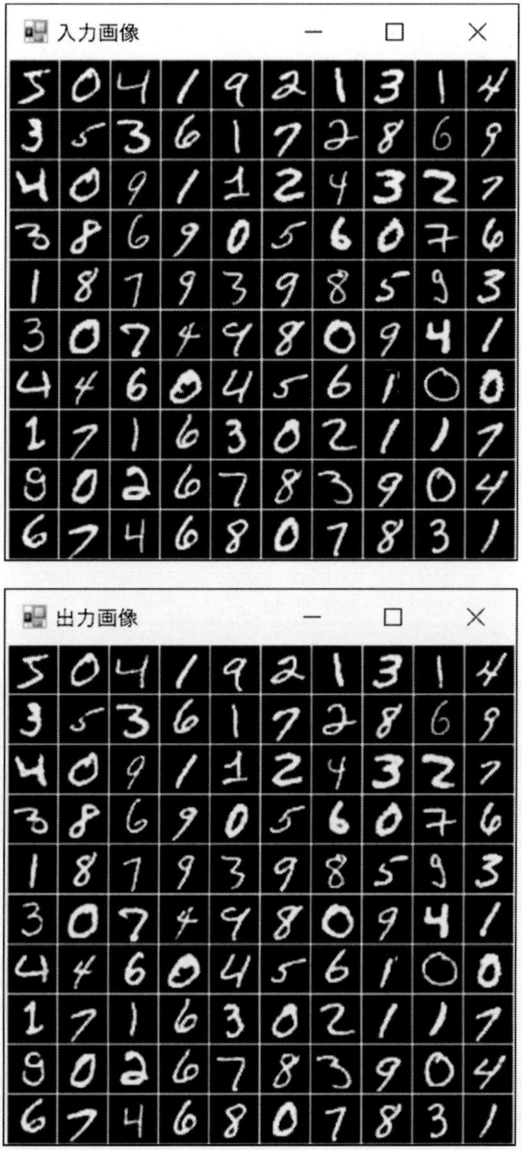

図 9-5　オートエンコーダ実行結果（上：入力，下：出力，patN=60000 で実行）

プログラムでは，パターン数 patN×学習回数 trainN の学習が行われます。入力層のユニット数（次元数）は，画像 1 個の画素サイズ 28×28=784 とし，中間層のユニット数は 400 と減らしてあります。これは次元圧縮と呼ばれ，入力情報に対し冗長さを除いた少ない数で中間層を表現することになります。

実行結果の図 9-5 は，学習用イメージの入力とその出力のサンプルであり，ほぼ入力＝出力の状態です。図 9-6 は重みを可視化したものであり，入力数が 28×28=784，中間層の数が 400 なので重み画像は 28×28 ピクセル画像が 400 個でき，それを 20 行 20 列で表示しています。各重みの値は 0〜255（黒〜白）に正規化しており，各マスは複雑な 3 次元曲面グラフを上から見ている状態と言えます。

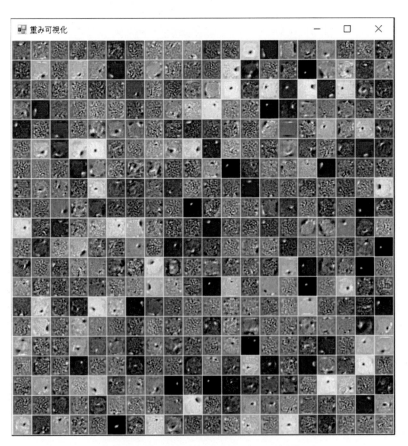

図 9-6　オートエンコーダ実行結果（重み，patN=60000 で実行）

9.3 デノイジングオートエンコーダと並列演算

❏ デノイジングオートエンコーダプログラム

デノイジングオートエンコーダ（Denoising AutoEncoder, DAE）は，オートエンコーダの一種です．図 9-7 のように，入力信号に一定の確率でノイズを付加（信号を欠落）させ，教師信号にノイズ付加前の入力を用いて学習します．これによって入力パターンにノイズがあっても認識できる能力（あるいはノイズ除去能力），および入力パターンの形が若干違っていても同じパターンと認識できる汎化能力を高めます．リスト 9-6 はデノイジングオートエンコーダプログラムです．

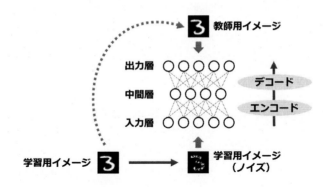

図 9-7　デノイジングオートエンコーダの入出力

ソリューション：ex09，プロジェクト：DAEApp，コンソール アプリ
リスト 9-6　Program.cs　デノイジングオートエンコーダプログラム

```
using VisualizerApp;   // 参照の追加→プロジェクト→VisualizerApp
using System;

namespace DAEApp
{
  class Program
  {
    static void Time(String s, Action fun) {   // 時間計測用
      var start = DateTime.Now.Ticks;
```

```csharp
    fun();
    var end = DateTime.Now.Ticks;
    Console.Write("{0:S}: {1:N0}[ms]¥n", s, (end-start) / 10000);
}

static void Main(string[] args)
{
    var patN        = 1000;         // パターン数(～ 60000)
    var inputN      = 784;          // 入力層ユニット数
    var middleN     = 400;          // 中間層ユニット数
    var trainN      = 10;           // 学習回数
    var batchSize   = 20;           // バッチサイズ
    var learnRate   = 0.01;         // 学習率
    var noiseRate   = 0.5;          // ノイズ率
    var wgtDec      = 0.0002;       // 荷重減衰率

    // 学習画像データ読み込み
    var trainData = Data.ReadImage("train-images.idx3-ubyte", patN);

    // デノイジングオートエンコーダ生成
    var ae = new DAE(inputN, middleN);

    // 学習（処理時間も表示する）
    Time("DAE", ( ) =>
        ae.Train(trainData, patN, trainN, batchSize, learnRate,
                noiseRate, wgtDec,
            (t, total) => {
                if (((t+1) * 100.0 / total) % 10 == 0)
                    Console.Write("{0,3:F0}%¥n", t * 100.0 / total);
            })
    );

    // 表示用入出力データの用意(最初の100件を対象)
    var n = 100;
    var input = new double[n][];                    // 入力用
    for (var i = 0; i < n; i++)
        input[i] = (double[])trainData[i].Clone();
    var noized = new double[n][];                   // ノイズ付き入力用
    var output = new double[n][];                   // 出力用
    for (var i = 0; i < n; i++) {
        ae.AddNoise(input[i], ae.nx, noiseRate);    // 入力にノイズ付加
        noized[i] = (double[])ae.nx.Clone();        // ノイズ付き入力をコピー
        ae.Reconstruct(input[i]);                   // オートエンコーダ実行
        output[i] = (double[])ae.z.Clone();         // 出力をコピー
```

```
    }
    // 画像表示
    new Visualizer("ノイズ画像", 28,28,10,10,1).DispDataImage(noized);
    new Visualizer("入力画像", 28,28,10,10,1).DispDataImage(input);
    new Visualizer("出力画像", 28,28,10,10,1).DispDataImage(output);
    new Visualizer("重み可視化", 28,28,20,20,1).DispWeightImage(ae.w);
    Console.ReadKey();
    }
  }
}
```

リスト9-7のデノイジングオートエンコーダクラスを追加します。このDAEクラスはオートエンコーダのAEクラスを継承しています。ノイズ関連の変数およびメソッドを追加・変更しており，学習用のTrainメソッドの引数には，新たにノイズ率，荷重減衰率を加えてあります。荷重減衰率（weight decay）は，重みが大きくなり過ぎないように抑止する働きがあります。

リスト9-7　DAE.cs　デノイジングオートエンコーダクラス

```
using AEApp;          // 参照の追加→プロジェクト→AEApp
using System;

namespace DAEApp
{
  // デノイジングオートエンコーダクラス(Denoising AutoEncoder)
  public class DAE : AE
  {
    public double[] nx;         // 入力層（ノイズ付加用）

    public DAE(int n, int m) : base(n, m)
    {
      nx = new double[n];
    }

    void AccumDelta(double[] x, double[] nx)    // 誤差修正値蓄積
    {
      for (var i = 0; i < n; i++) {
        b2Tmp[i] = x[i] - z[i];
        b2Delta[i] += b2Tmp[i];
      }
      for (var j = 0; j < m; j++) {
        var s = 0.0;
```

```
        for (var i = 0; i < n; i++) s += w[j][i] * b2Tmp[i];
        b1Tmp[j] = s * y[j] * (1 - y[j]);
        b1Delta[j] += b1Tmp[j];
        for (var i = 0; i < n; i++)
          wDelta[j][i] += b1Tmp[j] * nx[i] + b2Tmp[i] * y[j];
      }
    }

    public void AddNoise(double[] x, double[] nx, double noiseRate)
    {                                              // ノイズ付加
      for (var i = 0; i < n; i++)
        nx[i] = rnd.NextDouble() <= noiseRate ? 0 : x[i];
    }

    void TrainPattern(double[] x, double noiseRate)
    {                                              // ノイズを付加した学習
      AddNoise(x, nx, noiseRate);      // ノイズ付加データの作成
      Reconstruct(nx);                 // 入力信号の再構築
      AccumDelta(x, nx);               // 誤差修正値蓄積
    }

    public void Train(double[][] data, int patN, int trainN,
                  int batchSize, double lRate, double noiseRate,
                  double wgtDec, Action<int, int> fun = null)   // 学習
    {
      var total = trainN * patN / batchSize;
      for (var t = 0; t < total; t++) {           // 学習ループ
        InitDelta();                               // 誤差修正値初期化
        for (var i = 0; i < batchSize; i++) {     // ミニバッチループ
          var idx = (t * batchSize + i) % patN;
          TrainPattern(data[idx], noiseRate);     // ノイズを付加した学習
        }
        // 出力層バイアス修正
        for (var i = 0; i < n; i++) b2[i] += lRate * b2Delta[i];
        for (int j = 0; j < m; j++) {
          b1[j] += lRate * b1Delta[j];             // 中間層バイアス修正
          for (var i = 0; i < n; i++)
            w[j][i] += lRate * wDelta[j][i] - wgtDec * w[j][i]; // 重み修正
        }
        if (fun != null) fun(t, total);            // 進捗処理
      }
    }
  }
}
```

9.3 デノイジングオートエンコーダと並列演算 249

以下は，パターン数 patN=60000 に変更して実行した結果です。

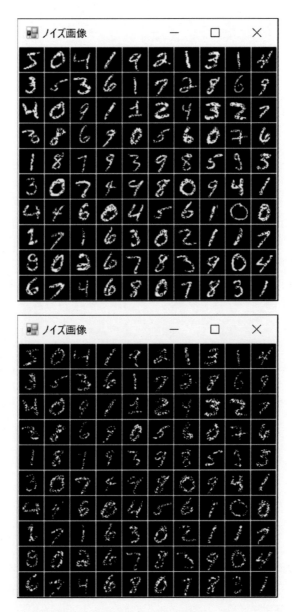

図 9-8　ノイズ付加入力画像（上：20%ノイズ，下：50%ノイズ，patN=60000 で実行）

250 第 9 章 ディープラーニングの基礎

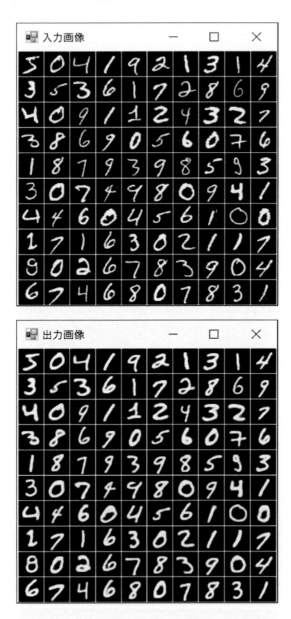

図 9-9　DAE 実行結果（上：もとの入力，下：出力，50%ノイズ，patN=60000 で実行）

　図 9-8 は，ノイズを 20%（noiseRate=0.2）および 50%（noiseRate=0.5）で

付加したノイズ付加入力画像であり，各確率でランダムに信号を欠落させたものです。これを入力し，出力信号がノイズ付加前のものに近づくように学習します。

また，ノイズ率 50%において図 9-9 はもとの入力と出力画像で，図 9-10 は重み画像です。出力画像では，オートエンコーダのものと比べてみると，入力との一致精度は低く，出力の数字が太くなっていますが，デノイジングオートエンコーダの目的は 100%の復元率ではなく，未知の（学習用パターンに存在しない）イメージでも近いものは識別可能とする汎化能力にあります。さらに，重み画像もオートエンコーダのものと比べて，はっきりとした特徴的な形状が増えています。

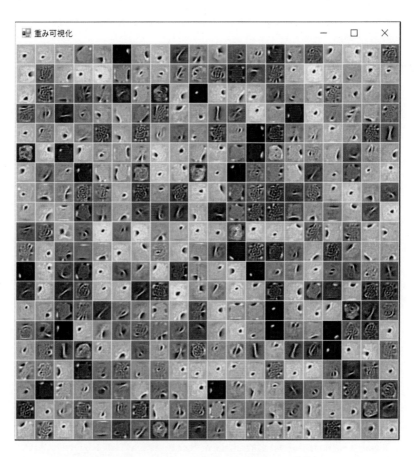

図 9-10　DAE 実行結果（重み，50%ノイズ，patN=60000 で実行）

❑ デノイジングオートエンコーダ並列演算プログラム

リスト 9-8，9-9 は，デノイジングオートエンコーダの並列演算バージョンです．並列演算はプログラムの実行を複数のプロセッサに振り分けて同時に実行することで演算速度を向上させます．この並列演算では，特別なハードウェアや開発フレームワークを必要とせず，言語の標準機能だけで実装でき，Intel Core i7 などのマルチコア CPU の能力を活かすことができます．

ソリューション：ex09，プロジェクト：DAEParaApp，コンソール アプリ

リスト 9-8　Program.cs　デノイジングオートエンコーダ並列演算バージョン

```
using VisualizerApp;      // 参照の追加→プロジェクト→VisualizerApp
using System;

namespace DAEParaApp
{
  class Program
  {
    static void Time(String s, Action fun) {    // 時間計測用
      var start = DateTime.Now.Ticks;
      fun();
      var end = DateTime.Now.Ticks;
      Console.Write("{0:S}: {1:N0}[ms]¥n", s, (end-start) / 10000);
    }

    static void Main(string[] args)
    {
      var patN        = 1000;      // パターン数(～ 60000)
      var inputN      = 784;       // 入力層ユニット数
      var middleN     = 400;       // 中間層ユニット数
      var trainN      = 10;        // 学習回数
      var batchSize   = 20;        // バッチサイズ
      var learnRate   = 0.01;      // 学習率
      var noiseRate   = 0.5;       // ノイズ率
      var wgtDec      = 0.0002;    // 荷重減衰率
      var paraN       = 8;         // 並列処理数

      // 学習画像データ読み込み
      var trainData = Data.ReadImage("train-images.idx3-ubyte", patN);
```

```
      // 並列デノイジングオートエンコーダ生成
      var ae = new DAEPara(inputN, middleN, paraN);

      // 学習
      Time("DAEPara", ( ) =>
        ae.Train(trainData, patN, trainN, batchSize, learnRate,
                 noiseRate, wgtDec,
          (t, total) => {
            if (((t+1) * 100.0 / total) % 10 == 0)
              Console.Write("{0,3:F0}%¥n", t * 100.0 / total);
  })
        );

      // 表示用入出力データの用意(最初の100件を対象)
      var n = 100;
      var input = new double[n][];        // 入力用
      for (var i = 0; i < n; i++)
        input[i] = (double[])trainData[i].Clone();
      var noized = new double[n][];       // ノイズ付き入力用
      var output = new double[n][];       // 出力用
      for (var i = 0; i < n; i++) {
        ae.AddNoise(input[i], ae.nx, noiseRate);    // 入力にノイズ付加
        noized[i] = (double[])ae.nx.Clone();        // ノイズ付き入力をコピー
        ae.Reconstruct(input[i]);                   // オートエンコーダ実行
        output[i] = (double[])ae.z.Clone();         // 出力をコピー
      }

      // 画像表示
      new Visualizer("ノイズ画像", 28,28,10,10,1).DispDataImage(noized);
      new Visualizer("入力画像", 28,28,10,10,1).DispDataImage(input);
      new Visualizer("出力画像", 28,28,10,10,1).DispDataImage(output);
      new Visualizer("重み可視化", 28,28,20,20,1).DispWeightImage(ae.w);
      Console.ReadKey();
    }
  }
}
```

リスト 9-9　DAEPara.cs　デノイジングオートエンコーダ並列演算クラス

```
using DAEApp;        // 参照の追加→プロジェクト→AEApp, DAEApp
using System;
using System.Threading.Tasks;

namespace DAEParaApp
```

```csharp
{
    // 並列デノイジングオートエンコーダクラス(Denoising AutoEncoder)
    public class DAEPara : DAE
    {
        ParallelOptions option = new ParallelOptions(); // 並列処理用オプション

        void LoopPara(int n, Action<int> body)          // 並列ループ処理
        {
            Parallel.For(0, n, option, j => body(j));
        }

        public DAEPara(int n, int m, int paraN) : base(n, m)
        {
            option.MaxDegreeOfParallelism = paraN;
        }

        public new void Encode(double[] x, double[] y)  // エンコード
        {
            LoopPara(m, j =>
            {
                var s = 0.0;
                for (var i = 0; i < n; i++) s += w[j][i] * x[i];
                y[j] = Sigmoid(s + b1[j]);
            });
        }

        new void Decode(double[] y, double[] z)         // デコード
        {
            LoopPara(n, i =>
            {
                var s = 0.0;
                for (var j = 0; j < m; j++) s += w[j][i] * y[j];
                z[i] = Sigmoid(s + +b2[i]);
            });
        }

        new void InitDelta()                            // 誤差修正値初期化
        {
            for (var i = 0; i < n; i++) b2Delta[i] = 0.0;
            LoopPara(m, j =>
            {
                b1Delta[j] = 0.0;
                for (var i = 0; i < n; i++) wDelta[j][i] = 0.0;
            });
        }
```

9.3 デノイジングオートエンコーダと並列演算　255

```
public new void Reconstruct(double[] data)     // 入力信号の再構築
{
  Encode(data, y);      // エンコード
  Decode(y, z);         // デコード
}

void AccumDelta(double[] x, double[] nx)       // 誤差修正値蓄積
{
  for (var i = 0; i < n; i++) {
    b2Tmp[i] = x[i] - z[i];
    b2Delta[i] += b2Tmp[i];
  }
  LoopPara(m, j =>
  {
    var s = 0.0;
    for (var i = 0; i < n; i++) s += w[j][i] * b2Tmp[i];
    b1Tmp[j] = s * y[j] * (1 - y[j]);
    b1Delta[j] += b1Tmp[j];
    for (var i = 0; i < n; i++)
      wDelta[j][i] += b1Tmp[j] * nx[i] + b2Tmp[i] * y[j];
  });
}

void TrainPattern(double[] x, double noiseRate) // ノイズを付加した学習
{
  AddNoise(x, nx, noiseRate);     // ノイズ付加データの作成
  Reconstruct(nx);                // 入力信号の再構築
  AccumDelta(x, nx);              // 誤差修正値蓄積
}

public new void Train(double[][] data, int patN, int trainN,
          int batchSize, double lRate, double noiseRate,
          double wgtDec, Action<int, int> fun = null)    // 学習
{
  var total = trainN * patN / batchSize;
  for (var t = 0; t < total; t++) {            // 学習ループ
    InitDelta();                               // 誤差修正値初期化
    for (var i = 0; i < batchSize; i++) {      // ミニバッチループ
      var idx = (t * batchSize + i) % patN;
      TrainPattern(data[idx], noiseRate);      // ノイズを付加した学習
    }
    for (var i = 0; i < n; i++)
      b2[i] += lRate * b2Delta[i];             // 出力層バイアス修正
```

```
        LoopPara(m, j =>
        {
          b1[j] += lRate * b1Delta[j];           // 中間層バイアス修正
          for (var i = 0; i < n; i++)
            w[j][i] += lRate * wDelta[j][i] - wgtDec * w[j][i];// 重み修正
        });
        if (fun != null) fun(t, total);          // 進捗処理
      }
    }
  }
}
```

本プログラムでは，次のような並列演算版のループ制御構造ともいえる LoopPara メソッドを定義し，for ループの代わりに用います．引数にはデリゲートを用いて整数型引数を 1 個受け取るラムダ式が与えられることを想定しています．この 1 個の引数がループカウンタとして機能します．ラムダ式内ではループカウンタを用いて任意の処理を行うことができ，ちょうど for 文の処理本体に相当するものをラムダ式本体に記述します．

並列化は .NET の Parallel.For メソッドを使います．これにより生成された 0 ～n-1 の数値 j ごとに，ラムダ式 j=>body(j) が並列に実行されます．このときフィールド変数 option に設定された数（paraN=8）の並列数で処理します．

```
  void LoopPara(int n, Action<int> body)         // 並列ループ処理
  {
    Parallel.For(0, n, option, j => body(j));
  }
```

並列動作の例として，図 9-11 において並列分割数 paraN=4 のとき，0，1，2…9 でループする 10 回分の処理は 4 つに分割され並列に実行し，全体の処理時間は通常の処理（直列演算）よりも短縮されます．一般に，並列演算プログラムは，並列処理単位間のデータの共有および同期を考慮した処理命令や変数を導入することがありますが，本プログラムの方法ではロジックの変更や共有・同期用の変数は追加しません．並列処理可能なループ本体であれば，だいたい for 構造を LoopPara に置き換えるだけで容易に並列化できます．このように，本来直列処理であるループ処理を簡単に並列化します．

9.3 デノイジングオートエンコーダと並列演算 257

図 9-11　並列演算用制御構造 LoopPara の動作

デノイジングオートエンコーダの直列バージョンと並列バージョンの実行ではコンソールに処理時間が出力され，次のように時間短縮されています。

実行結果
```
DAE:    2,049,077[ms]        … 直列バージョンの処理時間
```

実行結果
```
DAEPara:  842,618[ms]        … 並列バージョンの処理時間
```

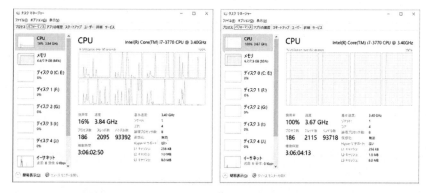

図 9-12　CPU 利用率の比較（左： 通常 DAE，右：並列演算 DAE，Core i7・4 コア）

図 9-12 に直列と並列の CPU 使用率の比較を示します。今回は並列分割数 8 で論理コア 8 個（物理コア 4 個）を効率よく利用しており、全体の CPU 利用率は平均 16%→100%となっています。実際の並列演算は並列分割数に正確に比例して性能が上がるわけではありません。並列化できない直列処理の部分や、並列化したとしても処理のオーバヘッドが影響します。例えば個々の並列処理の内容が単純だと、並列化のオーバヘッドが占める処理時間の比重が大きくなり、逆に処理時間が長くなることがあります。そうしたときは、複雑で重たいループ処理だけについて並列化を検討したほうがよさそうです。

なお、並列演算で気を付ける点として、それぞれの並列処理単位による同一変数へのアクセスはまちまちに起こります。よって、同じ変数について更新と参照の順序が決まっている処理や、同じ変数を更新する際は、同期機能を使うかアルゴリズムを工夫しなければならない場合があります。これは、マルチスレッドなどの並列処理全般で注意すべきことであり、排他制御と呼ばれます。排他制御は、共通のリソース（変数、メモリ）に対する同時アクセスによって起こるデータの不整合を回避する処理方法であり、主に、リソースアクセスをロックし、常に一つのスレッド、並列処理単位のみがアクセスできるようにコントロールします。

9.4 ディープニューラルネットワーク

❏ 多層デノイジングオートエンコーダの構成

多層デノイジングオートエンコーダ（Stacked Denoising AutoEncoder, SDA）は、デノイジングオートエンコーダを複数積み上げて構築するディープニューラルネットワーク（Deep Neural Network, DNN）の手法です。

多層デノイジングオートエンコーダは、図 9-13 のようにオートエンコーダ（DAE）を一つずつ学習して積み重ねていきます。DAE-1 の学習が済むとその出力層を取り除き、その上に次の DAE-2 を載せて学習します。このとき DAE-1 を構成していた重みは学習済みなので変更しません。このような学習と積み上げを繰り返していく過程をプレトレーニング（Pre-training）といいます。

9.4 ディープニューラルネットワーク 259

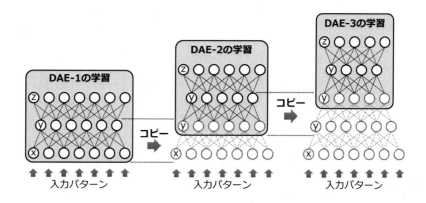

図 9-13　多層デノイジングオートエンコーダのプレトレーニング

　プレトレーニングの目的は，DNN を構成する各重みをよい値に初期化することです。多層パーセプトロンでは重みは単にランダムで初期化しており，そのため深いネットワークでは学習がうまくいきませんでした。そして図 9-14 のように目的のラベルつまり手書き文字の 0〜9 に分類する出力層のネットワークを追加して構造を完成させます。出力層には多クラス分類として一般的な，8 章のロジスティック回帰などを用います。プレトレーニング終了後，ネットワーク全体で教師あり学習をします。これをファインチューニング（Fine-tuning）と呼びます。

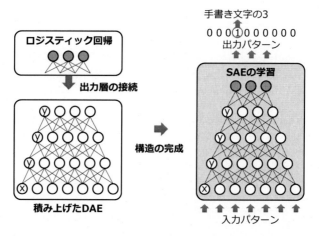

図 9-14　多層デノイジングオートエンコーダのファインチューニング

❏ 手書き文字認識のディープラーニングプログラム

リスト 9-10 は，多層デノイジングオートエンコーダを用いて MNIST の手書き文字データで実際に学習と認識を行うプログラムです。これにリスト 9-11 の多層デノイジングオートエンコーダ SAE クラスと，リスト 9-12 の多層パーセプトロン並列演算 MLPPara クラスを追加します。

SAE クラスではコンストラクタに積み重ねるオートエンコーダの個数と各層の次元数を与えて構築します。各中間層にはデノイジングオートエンコーダ DAE を用い，出力層には多層パーセプトロンを使います。まずプレトレーニングによって SAE の各 DAE を学習させ，次に多層に構築した MLP の重みに各 DAE の重みをコピーします。後は MLP のバックプロパゲーションを行えばファインチューニングが完了します。

なお，本プログラムでは並列演算版の DAEPara および，同じ方法で並列化した MLPPara を用いて並列演算処理を活用しています。

ソリューション：ex09，プロジェクト：SAEApp，コンソール アプリ

リスト 9-10　Program.cs　多層デノイジングオートエンコーダプログラム

```
using VisualizerApp;    // 参照の追加→プロジェクト→VisualizerApp
using System;

namespace SAEApp
{
  class Param         // パラメータ用クラス
  {
    public int[] saeUnitParam;       // 多層オートエンコーダの構成パラメータ
    public double[][] preParam;      // プレトレーニング(DAE)用パラメータ
    public double[] fineParam;       // ファインチューニング(MLP)用パラメータ

    public Param(int[] saeUnitParam, double[][] preParam, double[] fineParam) {
      this.saeUnitParam = saeUnitParam;
      this.preParam = preParam;
      this.fineParam= fineParam;
    }
  }

  class Program
  {
```

9.4 ディープニューラルネットワーク 261

```
static void Main(string[] args)
{
    var patN            = 1000;         // パターン数(～ 60000)
    var testN           = 10000;        // 認識テスト用データ数
    var paraN           = 8;            // 並列処理数
    double[][] trainData;               // 学習用イメージ
    double[][] teachLabel;              // 学習用ラベル
    double[][] testData;                // 認識テスト用イメージ
    byte[] testLabelValue;              // 認識テスト用ラベル値

    Param p = new Param(
        // 多層オートエンコーダの生成(各層次元数)
        //              入力   中間   中間   出力
        new int[]    { 784,   400,   400,   10 },

        // プレトレーニング(DAE)用パラメータ
        //              学習回数 バッチサイズ 学習率    ノイズ率  荷重減衰率
        new double[][] {
            new double[] {15,   10,      0.03,     0.3,     0.0002 },
            new double[] {15,   10,      0.03,     0.3,     0.0002 }
        },

        // ファインチューニング(MLP)用パラメータ
        //              学習回数   学習率
        new double[] { 15,      0.1  }
    );

    // 手書きイメージ学習データ読み込み
    trainData = Data.ReadImage("train-images.idx3-ubyte", patN);
    teachLabel = Data.ReadLabel("train-labels.idx1-ubyte", patN);

    // 手書きイメージテストデータ読み込み
    testData = Data.ReadImage("t10k-images.idx3-ubyte", testN);
    Data.ReadLabel("t10k-labels.idx1-ubyte", testN);
    testLabelValue = Data.labelData;

    // プレトレーニング
    Console.WriteLine("Pre training...");
    var sae = new SAE(p.saeUnitParam.Length, p.saeUnitParam, 0.01, paraN);
    sae.PreTrain(trainData, patN, p.preParam,
        (t, total) => {
            if (((t+1) * 100.0 / total) % 10 == 0)
                Console.Write("{0,3:F0}%\n", t * 100.0 / total);
        });
```

```
        // ファインチューニングで使う認識テスト用関数
        Func <double> Test = () => {
          var count = 0;
          for (var i = 0; i < testN ; i++) {
            var label = testLabelValue[i];
            sae.Forward(testData[i]);
            var result = sae.GetResult();
            if (result == label) count++;
          }
          return count * 100.0 / testN;
        };

        // ファインチューニング
        Console.WriteLine("Fine tuning...");
        sae.FineTune(trainData, teachLabel, patN, p.fineParam,
          (t, err) => {
            var rate = Test();        // 学習ループのたびに認識テスト
            Console.Write("Training = {0,2:D}, Error = {1:F6}, " +
                      "Recognition = {2:F2}%¥n", t+1, err, rate);
          }
        );

        // 画像表示
        new Visualizer("重み可視化", 28, 28, 20, 20, 1)
                            .DispWeightImage(sae.ae[0].w);
        Console.ReadKey();
      }
    }
}
```

リスト9-11　SAE.cs　多層デノイジングオートエンコーダクラス

```
using DAEParaApp; // 参照の追加→プロジェクト→AEApp, DAEApp, DAEParaApp
using System;

namespace SAEApp
{
  // 多層デノイジングオートエンコーダクラス(Stacked Denoising AutoEncoder)
  public class SAE
  {
    int layerN;                // 層数
    int[] unitN;               // ユニット数
    int stackN;                // スタック数(層数-2)
    public DAEPara[] ae;       // デノイジングオートエンコーダ
```

9.4 ディープニューラルネットワーク 263

```
  public MLPPara mlp;       // 多層パーセプトロン
  double[][][] cache;       // 中間層のキャッシュ

  public SAE(int layerN, int[] unitN, double wMax, int paraN)
  {
    this.layerN = layerN;
    this.unitN = unitN;
    stackN = layerN - 2;
    cache = new double[stackN][][];

    // 多層パーセプトロンの構築（並列バージョン）
    mlp = new MLPPara(layerN, unitN, wMax, paraN);

    // 多層デノイジングオートエンコーダの構築（並列バージョン）
    ae = new DAEPara[stackN];
    for (var l = 0; l < stackN; l++) {
      ae[l] = new DAEPara(unitN[l], unitN[l + 1], paraN);
    }
  }


  public void PreTrain(double[][] d, int patN, double[][] param,
                       Action<int, int> fun = null)
  {                                                    // プレトレーニング
    for (var l = 0; l < stackN; l++) {            // 層ループ
      Console.WriteLine("Stack: {0:D}/{1:D}", l+1, stackN);
      var input = (l == 0) ? d : cache[l - 1];
      var p = param[l];
      ae[l].Train(input, patN, (int)p[0],
                  (int)p[1], p[2], p[3], p[4], fun);   // DAEの学習
      cache[l] = new double[patN][];
      for (var i = 0; i < patN; i++) {
        cache[l][i] = new double[ae[l].m];
        ae[l].Encode(input[i], cache[l][i]);    //中間層値保存
      }
    }
  }


  public void FineTune(double[][] d, double[][] t, int patN,
                       double[] p, Action<int, double> fun = null)
  {                                                    // ファインチューニング
    for (var l = 0; l < mlp.layerN - 2; l++) {
      for (var j = 0; j < mlp.unitN[l + 1]; j++) {
        for (var i = 0; i < mlp.unitN[l]; i++) {
```

```
              mlp.w[l + 1][j][i] = ae[l].w[j][i]; //AEからMLPへ重みコピー
            }
            mlp.w[l + 1][j][mlp.unitN[l]] = ae[l].b1[j];
          }
        }
        mlp.Train(d, t, patN, (int)p[0], p[1], fun); //多層パーセプトロンの学習
      }

      public double[] Forward(double[] d)    // 順伝搬
      {
        mlp.Forward(d);
        return mlp.unit[mlp.layerN - 1];
      }

      public int GetResult()                 // 最大の出力を認識結果と判定する
      {
        return mlp.GetResult();
      }
    }
  }
}
```

リスト9-12 MLPPara.cs 多層パーセプトロン並列演算クラス

```
using System;
using System.Threading.Tasks;

namespace SAEApp
{
  // 多層パーセプトロンクラス(並列演算バージョン)
  public class MLPPara
  {
    public int layerN;              // 層の数
    public int[] unitN;             // 各層のユニット数
    public double[][] unit;         // ユニット値
    public double[][][] w;          // 重み
    protected double[][] delta;     // 重み修正量
    public int outLayer;            // 出力層の添え字
    protected double err;
    Random rnd = new Random();      // ランダムジェネレータ
    ParallelOptions option = new ParallelOptions();  // 並列処理用オプション

    void LoopPara(int n, Action<int> body)          // 並列ループ処理
    {
      Parallel.For(0, n, option, j => body(j));
```

9.4 ディープニューラルネットワーク

```
    }

    public MLPPara(int layerN, int[] unitN, double wMax, int paraN)
    {
        // ネットワークの構築
        this.layerN = layerN;
        this.unitN = unitN;
        outLayer = layerN - 1;
        unit = new double[layerN][];
        delta = new double[layerN][];
        w = new double[layerN][][];
        for (var l = 0; l < layerN; l++) {
            var u = unitN[l];
            unit[l] = new double[u + (l == outLayer ? 0 : 1)];
            if (l < outLayer) unit[l][u] = 1.0;    // バイアス用ユニット(常に1)
            if (l > 0) {
                var v = unitN[l - 1] + 1;
                delta[l] = new double[u];
                w[l] = new double[u][];
                for (var i = 0; i < u; i++) w[l][i] = new double[v];
            }
        }
        // 重みの初期化
        for (var l = 1; l < layerN; l++) {
            for (var j = 0; j < unitN[l]; j++) {
                for (var i = 0; i < unitN[l - 1] + 1; i++) {
                    w[l][j][i] = (rnd.NextDouble() * 2 - 1) * wMax;
                }
            }
        }
        option.MaxDegreeOfParallelism = paraN;
    }

    double Sigmoid(double x)                   // シグモイド関数
    {
        return 1 / (1 + Math.Exp(-x));
    }

    void Softmax(double[] x)                   // ソフトマックス関数
    {
        var s = 0.0;
        for (var i = 0; i < x.Length; i++) {
            x[i] = Math.Exp(x[i]);
            s += x[i];
        }
```

```
      for (var i = 0; i < x.Length; i++) x[i] /= s;
    }
    public void Forward(double[] d)              // 順伝搬
    {
      for (var j = 0; j < unitN[0]; j++) unit[0][j] = d[j];// 入力層
      for (var l = 0; l < outLayer - 1; l++) {             // 中間層
        LoopPara(unitN[l + 1], j => {
          var s = 0.0;
          for (var i = 0; i < unitN[l] + 1; i++) {
            s += w[l + 1][j][i] * unit[l][i];
          }
          unit[l + 1][j] = Sigmoid(s);
        });
      }
      LoopPara(unitN[outLayer], j => {                     // 出力層
        unit[outLayer][j] = 0.0;
        for (var i = 0; i < unitN[outLayer - 1] + 1; i++) {
          unit[outLayer][j] +=
            w[outLayer][j][i] * unit[outLayer - 1][i];
        }
      });
      Softmax(unit[outLayer]);
    }

    void BackPropagate(double[] d, double[] t)   // 逆伝搬
    {
      for (var j = 0; j < unitN[outLayer]; j++) { // 出力層
        var e = t[j] - unit[outLayer][j];
        delta[outLayer][j] = e;
        err += e * e;
      }
      for (var l = outLayer - 1; l > 0; l--) {             // 中間層
        LoopPara(unitN[l], j => {
          var df = unit[l][j] * (1.0 - unit[l][j]);
          var s = 0.0;
          for (int k = 0; k < unitN[l + 1]; k++) {
            s += delta[l + 1][k] * w[l + 1][k][j];
          }
          delta[l][j] = df * s;
        });
      }
    }

    void Update(double rate)                     // 重み更新
```

```
    {
      for (var l = layerN - 1; l > 0; l--) {
        LoopPara(unitN[l], j => {
          for (var i = 0; i < unitN[l - 1] + 1; i++) {
            w[l][j][i] += rate * delta[l][j] * unit[l - 1][i];
          }
        });
      }
    }

    public void Train(double[][] data, double[][] teach, int patN,
        int trainN, double learnRate, Action<int, double> fun)
    {                                                          // 学習
      for (var t = 0; t < trainN; t++) {    // 学習ループ
        err = 0.0;
        for (var p = 0; p < patN; p++) {    // パターンループ
          Forward(data[p]);                          // 順伝搬
          BackPropagate(data[p], teach[p]);  // 逆伝搬
          Update(learnRate);                         // 重み更新
        }
        // 学習レポート関数の呼び出し（学習回数とエラーの値を使う何らかの処理）
        if (fun != null) fun(t, err / patN / unitN[layerN - 1]);
      }
    }

    public int GetResult()              // 最大の出力を認識結果と判定する
    {
      var max = 0.0;
      var idx = -1;
      var output = unit[layerN - 1];
      for (var j = 0; j < output.Length; j++) {
        if (output[j] > max) {
          max = output[j];
          idx = j;
        }
      }
      return idx;
    }
  }
}
```

次の実行結果は patN=60000 に変更したものです．本プログラムでは，入力，中間，中間，出力の計 4 層のネットワーク（DAE のスタック数は 2 個）を構築し，

268　第 9 章　ディープラーニングの基礎

各層のユニット数，プレトレーニング用パラメータ，ファインチューニング用パラメータを与えて 60,000 件の学習用データを用いて学習します．そして，ファインチューニングの学習ループごとに，10,000 件の認識テストデータを用いてどれだけ認識できるようになったかカウントし，認識率を表示させています．

　今回の結果では，学習終了時で認識率が約 98.9% になりました．また，ファインチューニング終了時の 1-2 層間の重みを可視化したのが図 9-15 です．

> **実行結果**
> ```
> Image loaded: 60000/60000
> Label loaded: 60000/60000
> Image loaded: 10000/10000
> Label loaded: 10000/10000
> Pre training...
> Stack: 1/2
>  10%
>  20%
>  30%
>  40%
>  50%
>  60%
>  70%
>  80%
>  90%
> 100%
> Stack: 2/2
>  10%
>  20%
>  30%
>  40%
>  50%
>  60%
>  70%
>  80%
>  90%
> 100%
> Fine tuning...
> Training =  1, Error = 0.006020, Recognition = 97.49%
> Training =  2, Error = 0.002286, Recognition = 98.17%
> Training =  3, Error = 0.001159, Recognition = 98.21%
> Training =  4, Error = 0.000590, Recognition = 98.30%
> Training =  5, Error = 0.000350, Recognition = 98.47%
> Training =  6, Error = 0.000221, Recognition = 98.54%
> ```

```
Training =  7, Error = 0.000102, Recognition = 98.63%
Training =  8, Error = 0.000047, Recognition = 98.80%
Training =  9, Error = 0.000008, Recognition = 98.83%
Training = 10, Error = 0.000002, Recognition = 98.88%
Training = 11, Error = 0.000001, Recognition = 98.88%
Training = 12, Error = 0.000001, Recognition = 98.88%
Training = 13, Error = 0.000000, Recognition = 98.88%
Training = 14, Error = 0.000000, Recognition = 98.88%
Training = 15, Error = 0.000000, Recognition = 98.89%
```

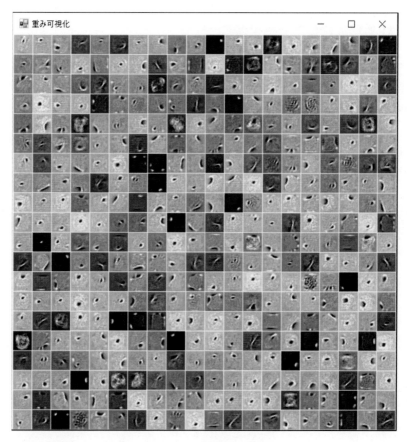

図 9-15　多層デノイジングオートエンコーダ学習後の重み

第 10 章　リスト処理ライブラリ

10.1　Cons.dll

❏ AI 処理に適したデータ構造

　AI プログラミングでは，データ構造にリストを用いることがあり，特に再帰処理では，リスト操作がよく使われます。この場合，手続き型言語やオブジェクト指向言語のような副作用のあるデータ構造よりも，関数型言語のような副作用のないデータ構造のほうが再帰処理には適しています。データの副作用について，副作用のあるデータ構造は次の特徴があります。

- 空のデータ構造を構築し，後から要素に値を格納する。
- データ構造の動的な変更は，もとのデータ構造に要素の追加や削除を行う。
- データ構造の操作メソッドは副作用で処理し，値を返さない。

対して，副作用のないデータ構造は次の特徴があります。

- はじめから値を持ったデータ構造を動的に生成し，後から要素に値を格納しない。
- データ構造の動的な変更はせず，要素を加える，あるいは部分要素を参照し，新たなデータ構造を構築する。
- データ構造の操作メソッドは副作用がなく，値を返す。

　最後の「値を返す」という性質は，関数型プログラミングでは重要であり，再帰関数などを作る時も，値を返すメソッドを組み合わせて記述する方が簡潔になります。

❏ コンセルによるリスト処理ライブラリ

本書で使用するオリジナルライブラリを紹介します。本ライブラリは，図 10-1，10-2 のようなデータ構造による Cons クラスを定義しています。基本構造は，二進木（ツリー構造）によるリストです。これはコンセルと呼ばれるツリーの枝分かれ部分に相当する連結要素，文字や数値などのデータ値であるアトム，リストの終端を表す Nil で構成されます。Nil は空リストも表しています。

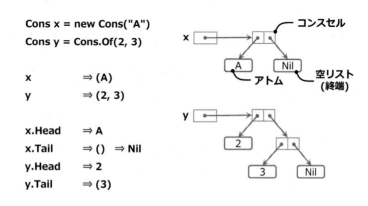

```
Cons x = new Cons("A")
Cons y = Cons.Of(2, 3)

x          ⇒ (A)
y          ⇒ (2, 3)

x.Head     ⇒ A
x.Tail     ⇒ ()  ⇒ Nil
y.Head     ⇒ 2
y.Tail     ⇒ (3)
```

図 10-1　Cons クラスによるリストの生成と要素アクセス

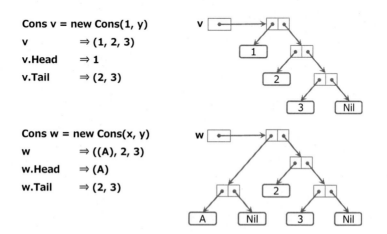

```
Cons v = new Cons(1, y)
v          ⇒ (1, 2, 3)
v.Head     ⇒ 1
v.Tail     ⇒ (2, 3)


Cons w = new Cons(x, y)
w          ⇒ ((A), 2, 3)
w.Head     ⇒ (A)
w.Tail     ⇒ (2, 3)
```

図 10-2　Cons クラスによるリストの連結

Consデータは，関数型プログラミングに適しており，AIプログラミングを簡潔かつ柔軟にします。Consは，C#（.NET）のArrayListやLinkedListに比べ，前述の副作用のない関数型処理において，シンプルかつ高速に動作します。例えば再帰処理において，リストxの先頭を取り除いた残りリストを引数に渡す際，`x.Tail`という最も高速な処理方法で残りリストを部分参照します。これは，xから部分リストをコピーして作るのではなく，xの一部をそのまま参照します。このとき，もしリスト内容に対する副作用となるような更新をした場合，それを再帰処理の過程で行うと，同じリスト要素を使用しているため，破壊的代入操作として異なる再帰レベルの処理に影響を及ぼす可能性があります。しかし，Consリストの操作スタイルは副作用がないため，そのような影響を考える必要がありません。また，リストへの要素追加も，`new Cons(a, x)`という形で元のxをそのまま使用し，x内への副作用もなく，さらにxをコピーする処理コストもありません。

関数型スタイルの大きな特徴の一つとして，次のような関数式の表記法があります。これは数式表現として一般的なものです。

```
funC(funB(funA(x)))
```

この処理手順は，funAの結果をfunBに与え，さらにfunBの結果をfunCに与えて最終結果を得るものです。非常に柔軟かつ一貫した記述法ですが，大きな欠点は，括弧の対応がわかりにくいため記述しにくいことです。それを解消するのがオブジェクト指向ならではの次のようなメソッドチェーンによる記述です。

```
x.funA().funB().funC()
```

つまり，オブジェクトxに対しメソッドfunAを呼び出し，funAの結果であるオブジェクトに対し，funBを呼び出し，さらにその結果であるオブジェクトに対しfunCを呼び出します。このように，各メソッドがオブジェクトを返すような仕様にすることで，関数型スタイルをさらに記述しやすくできます。Consクラスもオブジェクト指向設計によるものなので，このように記述できます。

リストの再帰処理では，コンセル型のリスト処理はシンプルで高速です。本ライブラリは，本書のプログラムに対し，より短く記述できるよう設計されてい

ます。特に，C#ではコレクションに< >表記による型パラメータ（総称型，ジェネリック）を使いますが，本ライブラリでは，型パラメータの使用を避けた簡易な仕様になっています。欠点は，本書の AI プログラム向きに作ってあるため，汎用性がやや低いことです。

リスト 10-1 は，リスト処理ライブラリのプログラムです。ソリューション my，プロジェクト Cons を作成します。これをライブラリとして再利用するためにプロジェクトの種類は，クラス ライブラリ（.NET Framework）を選択します。本プロジェクトをビルドすると，Cons.dll が生成されますので，利用するプロジェクトにおいて次の手順で設定すれば，Cons クラスとして使用できます。

- 参照→参照の追加で，my¥Cons¥bin¥Debug¥Cons.dll を追加する。
  （Cons プロジェクトを Debug ビルドした場合）
- ソース内で using my.Cons; というディレクションを追加する。

Cons クラスの各メソッドの使い方は，本書のそれらの利用場面において簡単に説明しています。Cons クラスは，デリゲートとラムダ式を活用し，Java8 の Stream API や関数型言語 Scala に似たメソッド群を持っています。本ライブラリについて，本書のプログラムを改良しながらライブラリに機能を追加していけば，関数型のリスト処理について理解が深まり，よい学習材料となるでしょう。

ソリューション：my，プロジェクト：Cons，クラス ライブラリ
リスト 10-1　Cons.cs　リスト処理ライブラリ

```
using System;
using System.Collections.Generic;
using System.Linq;
using System.Text;

namespace my.Cons
{
  // Nilクラス（空リストを表す）
  class Nil : Cons
  {
    public Nil() { head = null; tail = this; }
  }
```

274　第 10 章　リスト処理ライブラリ

```csharp
// Consクラス（リストを構成するコンスセル）
public class Cons : IComparable<Cons>
{
  protected static Cons nil = new Nil();
  protected object head = null;
  protected Cons tail = nil;

  // リードオンリー、書き換え不可（関数型スタイルにおける副作用防止の意味も含め）
  public static Cons Nil { get { return nil; } }       // 空リスト
  public object Head    { get { return head; } }       // 先頭要素
  public Cons Tail      { get { return tail; } }       // 先頭以外の残り
  public object First   { get { return head; } }       // 先頭要素
  public object Second  { get { return tail.head;} }   // 2番目の要素

  public Cons() { }

  // Cons: コンストラクタ, リストの作成
  //    a => (7, 8, 9)
  //    new Cons(1)        => (1)
  //    new Cons(1, a)     => (1, 7, 8, 9)
  //    new Cons(1, 2, a)  => (1, 2, 7, 8, 9)
  public Cons(params object[] x)
  {
    head = x[0];
    var cons = this;
    var n = x.Length;
    for (var i = 1; i < n - 1; i++) {
      cons.tail = new Cons();
      cons = cons.tail;
      cons.head = x[i];
    }
    if (n > 1) cons.tail = (Cons)x[n - 1];
  }

  // Equals:    等しいか
  //    a => (1, 2, (3)), b => (1, 2, (3))
  //    a.Equals(b) => true
  public override bool Equals(object x)
  {
    if (x == null) return false;
    else if (this is Nil && x is Nil) return true;
    else if (this is Cons && head == null && tail == Nil &&
             x is Nil) return true;
    else if (this is Nil && x is Cons && ((Cons)x).head == null &&
             ((Cons)x).tail == Nil) return true;
```

```
      else if (this is Nil || x is Nil) return false;
      else if (this is Cons && x is Cons) {
        var a = this;
        var b = (Cons)x;
        if (a.head == null && b.head == null || a.head.Equals(b.head))
          return a.tail.Equals(b.tail);
      }
      return false;
    }

    public override int GetHashCode()
    {
      return ToString().GetHashCode();
    }

    // Cons.Of: リストの作成
    //   Cons.Of(1, 2, 3) => (1, 2, 3)
    public static Cons Of(params object[] x)
    {
      var n = x.Length;
      var cons = Nil;
      for (var i = n - 1; i >= 0; i--) cons = new Cons(x[i], cons);
      return cons;
    }

    // Cons.Range:   連続数値リストの作成
    //   Cons.Range(1, 4) => (1, 2, 3)
    public static Cons Range(int from, int to)
    {
      return from == to ? Nil : new Cons(from, Range(from + 1, to));
    }

    // Cons.Fill: 初期値リストの作成
    //   Cons.Fill(3, 0) => (0, 0, 0)
    public static Cons Fill(object x, int n)
    {
      if (n == 0) return Cons.Nil;
      else return new Cons(x, Cons.Fill(x, n - 1));
    }

    // MakeIntArray2:    二次元配列(整数)の作成
    //   Cons.MakeIntArray2(3, 3, 0) => { {0,0,0}, {0,0,0}, {0,0,0} }
    public static int[,] MakeIntArray2(int n, int m, int val)
    {
      var a = new int[n, m];
```

第 10 章 リスト処理ライブラリ

```csharp
    for (var i = 0; i < n; i++)
      for (var j = 0; j < m; j++) a[i, j] = val;
    return a;
}

// MakeIntArray2:    二次元配列(文字)の作成
//    Cons.MakeIntArray2(3, 3, 'a') =>
//             { {'a','a','a'}, {'a','a','a'}, {'a','a','a'} }
public static char[,] MakeCharArray2(int n, int m, char val)
{
    var a = new char[n, m];
    for (var i = 0; i < n; i++)
      for (var j = 0; j < m; j++) a[i, j] = val;
    }
    return a;
}

// Cons.FromArray: 配列からの変換
//    array => {1, 2, 3}
//    Cons.FromArray(array) => (1, 2, 3)
public static Cons FromArray<T>(T[] x)
{
    var cons = Nil;
    var n = x.Length;
    for (var i = n - 1; i >= 0; i--) cons = new Cons(x[i], cons);
    return cons;
}

// Cons.FromArray2:   二次元配列からの変換
//    array => {{1, 2, 3}, {4, 5, 6}}
//    Cons.FromArray2(array) => ((1, 2, 3), (4, 5, 6))
public static Cons FromArray2<T>(T[,] x)
{
    var consR = Nil;
    var r = x.GetLength(0);
    var c = x.GetLength(1);
    for (var i = r - 1; i >= 0; i--) {
      var consC = Nil;
      for (var j = c - 1; j >= 0; j--) consC = new Cons(x[i, j], consC);
      consR = new Cons(consC, consR);
    }
    return consR;
}

// Cons.FromList: List型からの変換
```

```
//   list => [1, 2, 3]
//   Cons.FromList(list) => (1, 2, 3)
public static Cons FromList<T>(List<T> x)
{
  var cons = Nil;
  var n = x.Count;
  for (var i = n - 1; i >= 0; i--) cons = new Cons(x[i], cons);
  return cons;
}

// ToArray: 配列への変換
//   a => (1, 2, 3)
//   a.ToArray() => {1, 2, 3}
public object[] ToArray()
{
  return (object[])ToList().ToArray();
}

// ToList: List型への変換
//   a => (1, 2, 3)
//   a.ToList() => (1, 2, 3)
public List<object> ToList()
{
  var list = new List<object>();
  var c = this;
  while (c != Nil) {
    list.Add(c.head);
    c = c.tail;
  }
  return list;
}

public static bool IsNumber(object x)
{
  return x is sbyte || x is byte || x is short || x is ushort ||
         x is int || x is uint || x is long || x is ulong ||
         x is float || x is double || x is decimal;
}
// CompareTo:   比較
//   a => (1, 2, 3), b => (1, 2, 4)
//   a.CompareTo(b) => -1, b.CompareTo(a) => 1, a.CompareTo(a) => 0
public int CompareTo(Cons x)
{
  if (x == null) return 1;
  else if (this is Nil && x is Nil) return 0;
```

```
    else if (this is Nil) return -1;
    else if (x is Nil) return 1;
    else if (this is Cons && x is Cons) {
      var a = this;
      var b = (Cons)x;
      if (a.head == null && b.head == null || a.head.Equals(b.head)) {
        return a.tail.CompareTo(b.tail);
      } else if (IsNumber(a.head) && IsNumber(b.head)) {
        var aa = (double)a.head;
        var bb = (double)b.head;
        return aa < bb ? -1 : aa > bb ? 1 : a.tail.CompareTo(b.tail);
      } else if (a.head is string && b.head is string) {
        var aa = (string)a.head;
        var bb = (string)b.head;
        var cmp = aa.CompareTo(bb);
        return cmp < 0 ? -1 : cmp > 0 ? 1 : a.tail.CompareTo(b.tail);
      } else {
        var cmp = a.head.ToString().CompareTo(b.head.ToString());
        return cmp < 0 ? -1 : cmp > 0 ? 1 : a.tail.CompareTo(b.tail);
      }
    }
    return 0;
}

// ToString:    文字列化
//    a => (1, 2, (3))
//    a.ToString() => "(1, 2, (3))"
public override string ToString()
{
  return "(" + ToString1() + ")";
}

string ToString1()
{
  return (head is Cons ? head.ToString()
        : head is string ? "¥"" + head.ToString() + "¥"" : head)
    + (tail != Nil ? ", " + tail.ToString1() : "");
}

// MkString:    区切り付き文字列化
//    a => (1, 2, 3)
//    a.MkString(":") => "1:2:3"
public string MkString(string delim)
{
  var sb = new StringBuilder();
```

```
    var c = this;
    while (c != Nil) {
      if (c != this) sb.Append(delim);
      sb.Append(c.head);
      c = c.tail;
    }
    return sb.ToString();
}

// Split:    区切り文字で文字列を分割しリストにする
//    Cons.Split("a,b,c", ',') => ("1", "2", "3")
public static Cons Split(string s, char delim)
{
    return Cons.FromArray(s.Split(delim));
}

// Print, Println: コンソール出力
//   a => (1, 2, (3))
//   a.Print() => 出力: (1, 2, (3))
//   a.Println() => 出力: (1, 2, (3)) 改行
public void Print()
{
    Console.Write(ToString());
}

public void Println()
{
    Console.WriteLine(ToString());
}

// Length:    リストの長さ
//   a => (1, 2, 3)
//   a.Length() => 3
public int Length()
{
    if (this == Nil) return 0;
    else return 1 + tail.Length();
}

// Get:     要素アクセス(object型で返す, 結果利用はキャストが必要)
//   a => (1, 2, 3)
//   a.Get(0) => 1 … object型, x = 5 + (int)a.Get(0)
public object Get(int i)
{
    if (i == 0) return head;
```

```csharp
  else return tail.Get(i - 1);
}

// GetI:    要素アクセス(int型で返す)
//    a => (1, 2, 3)
//    a.GetI(0) => 1  …int型, x = 5 + a.Get(0)
public int GetI(int i)
{
  if (i == 0) return (int)head;
  else return tail.GetI(i - 1);
}

// GetS:    要素アクセス(string型で返す)
//    a => ("1", "2", "3")
//    a.GetS(0) => "1"… string型
public string GetS(int i)
{
  if (i == 0) return (string)head;
  else return tail.GetS(i - 1);
}

// GetB:    要素アクセス(bool型で返す)
//    a => (true, false, false)
//    a.GetB(0) => true … bool型
public bool GetB(int i)
{
  if (i == 0) return (bool)head;
  else return tail.GetB(i - 1);
}

// GetC: 要素アクセス(Cons型で返す)
//    a => ((1, 2), (3))
//    a.GetC(0) => (1, 2)  … Cons型
public Cons GetC(int i)
{
  if (i == 0) return (Cons)head;
  else return tail.GetC(i - 1);
}

// Append:    リストの連結
//    a => (1, 2, 3), b => (4, 5),
//    a.Append(b) => (1, 2, 3, 4, 5)
public Cons Append(Cons x)
{
  return (this == Nil) ? x : new Cons(head, tail.Append(x));
```

```
}

// Add:      リスト末尾への追加
//    a => (1, 2, 3), b => 4,
//    a.Add(b) => (1, 2, 3, 4)
public Cons Add(object x)
{
  return Append(new Cons(x));
}

// Reverse:  リスト逆順化
//    a => (1, 2, 3)
//    a.Reverse() => (3, 2, 1)
public Cons Reverse()
{
  return (this == Nil) ? this : tail.Reverse().Add(head);
}

// Sorted:   リスト整列
//    a => (2, 1, 3)
//    a.Sorted() => (1, 2, 3)
public Cons Sorted()
{
  var a = ToArray();
  Array.Sort(a);
  return Cons.FromArray(a);
}

// Diff:     リスト要素の差集合
//    a => (1, 2, 3), b => (2, 5)
//    a.Diff(b) => (1, 3)
public Cons Diff(Cons x)
{
  if (x == Nil) return this;
  else return Diff1(x.head).Diff(x.tail);
}

Cons Diff1(object x)
{
  if (this == Nil) return Nil;
  else if (head.Equals(x)) return tail;
  else return new Cons(head, tail.Diff1(x));
}

// Find:     リスト要素の検索
```

```csharp
//   a => (1, 2, 3)
//   a.Find(2) => 2, a.Find(4) => null
public object Find(object x)
{
  if (this == Nil) return null;
  else if (head.Equals(x)) return x;
  else return tail.Find(x);
}

// Contains:    要素が含まれるか
//   a => (1, 2, 3)
//   a.Contains(2) => true
public bool Contains(object x)
{
  if (this == Nil) return false;
  else return head.Equals(x) ? true : tail.Contains(x);
}

// Count:    要素のカウント
//   a => (1, 2, 3, 3)
//   a.Count(3) => 2
public int Count(object x)
{
  if (this == Nil) return 0;
  else return (head.Equals(x) ? 1 : 0) + tail.Count(x);
}

// Sum:    要素の合計
//   a => (1, 2, 3)
//   a.Sum() => 6
public int Sum()
{
  if (this == Nil) return 0;
  else return (int)head + tail.Sum();
}

// Foreach:    順次処理
//   a => (1, 2, 3)
//   a.Foreach(x => Console.Write("{0} ", x)) => 出力: 1 2 3
public void Foreach<T>(Action<T> fun) {
  if (this == Nil) return;
  else {
    fun((T)head);
    tail.Foreach(fun);
  }
}
```

```csharp
}

// Map:     順次処理(リストで返す)
//   a => (1, 2, 3)
//   a.Map((int x) => x * 2) => (2, 4, 6)
public Cons Map<T, R>(Func<T, R> fun)
{
  if (this == Nil) return Nil;
  else return new Cons(fun((T)head), tail.Map(fun));
}

// FlatMap:     順次処理(リスト要素を結合して返す)
//   a => ((1, 2, 3), (4, 5))
//   a.FlatMap((Cons x) => x) => (1, 2, 3, 4, 5)
public Cons FlatMap<T>(Func<T, Cons> fun)
{
  if (this == Nil) return Nil;
  else return fun((T)head).Append(tail.FlatMap(fun));
}

// Forall:     すべて条件を満たすか
//   a => (1, 2, 3, 4)
//   a.Forall((int x) => x < 5) => true
public bool Forall<T>(Predicate<T> fun)
{
  if (this == Nil) return true;
  else return fun((T)head) ? tail.Forall(fun) : false;
}

// Exists:     ひとつでも条件を満たすか
//   a => (1, 2, 3, 4)
//   a.Exists((int x) => x > 3) => true
public bool Exists<T>(Predicate<T> fun)
{
  if (this == Nil) return false;
  else return fun((T)head) ? true : tail.Exists(fun);
}

// Count:条件でカウント
//   a => (1, 2, 3, 4)
//   a.Count((int x) => x % 2 == 0) => 2
public int Count<T>(Predicate<T> fun)
{
  if (this == Nil) return 0;
  else return (fun((T)head) ? 1 : 0) + tail.Count(fun);
```

```
}

// filter:    条件でフィルタリング
//    a => (1, 2, 3, 4)
//    a.Filter((int x) => x % 2 == 0) => (2, 4)
public Cons Filter<T>(Predicate<T> fun)
{
  if (this == Nil) return Nil;
  else return fun((T)head) ?
    new Cons(head, tail.Filter(fun)) : tail.Filter(fun);
}

// FindPos:    条件で要素位置を検索
//    a => (1, 2, 3, 4)
//    a.FindPos((int x) => x % 3 == 0) => 2,
//    a.FindPos((int x) => x == 0) => -1
public int FindPos<T>(Predicate<T> fun)
{
  if (this == Nil) return -1;
  else if (fun((T)head)) return 0;
  else {
    int pos = tail.FindPos(fun);
    return pos == -1 ? -1 : pos + 1;
  }
}

// Split:    条件でリストを分割
//    a => (1, 2, 3, 4)
//    a.Split((int x) => x == 3) => ((1, 2), ( 4))
Cons SplitLeft(int pos)
{
  return pos <= 0 ? Nil : new Cons(head, tail.SplitLeft(pos - 1));
}

Cons SplitRight(int pos)
{
  return pos <= 0 ? this : tail.SplitRight(pos - 1);
}

public Cons Split<T>(Predicate<T> fun)
{
  var pos = FindPos(fun);
  return Cons.Of(SplitLeft(pos), SplitRight(pos + 1));
}
```

```
public static string Rep(string s, int n)
{
  return string.Concat(Enumerable.Repeat(s, n));
}

// 動作テスト用(別プロジェクトからCons.Test();で実行できる)
public static void Test()
{
  Console.WriteLine("Cons.Nil.Equals(Cons.Nil)\t= " +
                    Cons.Nil.Equals(Cons.Nil));
  Console.WriteLine("new Cons().Equals(new Cons())\t= " +
                    new Cons().Equals(new Cons()));
  Console.WriteLine("new Cons().Equals(Cons.Nil)\t= " +
                    new Cons().Equals(Cons.Nil));
  Console.WriteLine("Cons.Nil.Equals(new Cons())\t= " +
                    Cons.Nil.Equals(new Cons()));

  var a = Cons.Of(1, 2, 3);
  var b = Cons.Of(2, 2, "3");
  var c = Cons.Of(Cons.Of(1, 2, 3), Cons.Of(4, 5), Cons.Of(6));
  Console.WriteLine("Nil\t= " + Nil);
  Console.WriteLine("a\t= " + a);
  Console.WriteLine("b\t= " + b);
  Console.WriteLine("c\t= " + c);
  Console.WriteLine("a.head\t= " + a.head);
  Console.WriteLine("a.tail\t= " + a.tail);
  Console.WriteLine("Cons.Of(1, 2, 3)\t= " + Cons.Of(1, 2, 3));
  Console.WriteLine("Cons.Range(1, 5)\t= " + Cons.Range(1, 5));

  var e = new int[] { 1, 2, 3 };
  var d = new List<int>(){ 1, 2, 3 };
  Console.WriteLine("Cons.FromArray(e)\t= " + Cons.FromArray(e));
  Console.WriteLine("Cons.FromList(d)\t= " + Cons.FromList(d));

  Console.WriteLine("a.Length()\t= " + a.Length());
  Console.WriteLine("a.Get(0)\t= " + a.Get(0));
  Console.WriteLine("a.Get(1)\t= " + a.Get(1));
  Console.WriteLine("a.Append(b)\t= " + a.Append(b));
  Console.WriteLine("a.Add(9)\t= " + a.Add(9));
  Console.WriteLine("a.Reverse()\t= " + a.Reverse());
  Console.WriteLine("a.Equals(c.head)\t= " + a.Equals(c.head));
  Console.WriteLine("c.Find(a)\t= " + c.Find(a));
  Console.WriteLine("a.Diff(b)\t= " + a.Diff(b));
  Console.WriteLine("b.Count(2)\t= " + b.Count(2));
  Console.WriteLine("a.Count((int x) => x < 3)\t= " +
                    a.Count((int x)=>x < 3));
```

```
            Console.WriteLine("a.Forall((int x) => x < 4)\t= " +
                              a.Forall((int x)=>x < 4));
            Console.WriteLine("a.Exists((int x) => x > 1)\t= " +
                              a.Exists((int x)=>x > 1));
            Console.Write("a.Foreach(x => Console.Write(\"{0} \", x))\t= ");
            a.Foreach((int x)=>Console.Write("{0} ", x));
            Console.WriteLine();
            Console.WriteLine("a.Map((int x) => x * 2))\t= " +
                              a.Map((int x)=>x * 2));
            Console.WriteLine("c.FlatMap((Cons x) => x)\t= " +
                              c.FlatMap((Cons x)=>x));
            Console.WriteLine("a.Filter((int x) => x % 2 == 1))\t= " +
                              a.Filter((int x)=>x % 2 == 1));
            Console.WriteLine("a.Split((int x) => x == 2)\t= " +
                              a.Split((int x)=>x == 2));
        }
    }
}
```

10.2　本書のソースコード入手先

本書掲載のソースコードは，下記 Web サイトよりダウンロードできます。

URL：　　https://www.sankeisha.com/~fukai/csproject/

動作環境：　Windows 10,
　　　　　　Microsoft Visual Studio Community 2017, C# (.NET 4.6)

著作権：　　本ソースコードの著作権は著者が所有しております。個人での利用は自由ですが，再販売・再配布を禁じます。

免責：　　　本ソースコードは，その効果を保証するものではありません。また，ソースコードの導入および動作に関し，著者および出版社は一切の責任を負いません。

留意事項：　上記 URL およびソースコード内容は，予告なく変更・公開停止することがあります。

索引

■ .
.NET, 18

■ <
<T>, 17

■ 2
2次元配列, 37

■ A
Actionデリゲート, 225
AE, 236
AI, 11
Alife, 143
Alignment, 151
alpha-beta pruning, 112
AND, 215
Append, 39
Artificial Intelligence, 11
Artificial Life, 143
A-star, 180
Autoencoder, 236

■ B
backtracking, 58
backward chaining, 120
Boids, 143
Breadcrumb Path finding, 171

■ C
Cohesion, 151
Cons.dll, 273
Consumer, 256
Consクラス, 34
Consのコンストラクタ, 36
Contains, 85
Count, 77

■ D
DAE, 245
decode, 236
Deep Neural Network, 258
Denoising AutoEncoder, 245
Dictionary, 93
Diff, 76
DrawEllipse, 105
DrawImage, 66
DrawLine, 27, 105
DrawLines, 66
DrawString, 105

■ E
encode, 236
Equals, 80
Exists, 80
expert system, 117

■ F
FIFO, 175
Fill, 40
Filter, 51
Fine-tuning, 259
Finite State Machine, 194
FlatMap, 52
Forall, 49
Foreach, 53
forward chaining, 120
FromArray, 37
FromArray2, 37
FromList, 37
Funcデリゲート, 17

■ G
generalization ability, 206
GetC, 78
GetI, 50

■ H
Head, 37

■ I
inference engine, 117
Invalidate, 43

■ K
knowledge base, 117

■ L
Length, 39
LinkedList, 175
List, 37
local minimum, 226
Logistic regression, 205

■ M
MakeCharArray2, 99
MakeIntArray2, 60
Map, 39
maxmin strategy, 107

MLP, 216
MNIST, 227
Multilayer perceptron, 216

■ N

neural network, 204
new, 74
Nil, 37, 271
NPC, 155
N クイーン問題, 45

■ O

Of, 37
open リスト, 181
overfitting, 206
override, 74

■ P

Parallel.For, 256
Perceptron, 204
Pre-training, 258
production system, 117

■ R

Range, 37

■ S

SDA, 258
Separation, 151
sorted, 74
Sorted, 74
Split, 125
Stacked Denoising AutoEncoder, 258
State Transition Diagram, 194
Stochastic Gradient Descent, 237
Stopwatch, 168
Sum, 111

■ T

Tail, 37
Thread.Sleep, 93, 148
TicTacToe, 95
tied weight, 238
Trace, 16

■ V

virtual, 74

■ W

weight decay, 247

■ X

XOR, 215

■ Z

zero-sum game, 94

■ あ

アクション, 119
後入れ先出し, 175
アトム, 271
アルファ値, 116
α カット, 112
アルファベータカット, 112
アルファベータ法, 112

■ い

イベント, 194
イベントハンドラ, 19, 43
イミュータブル, 36
インデント, 16

■ う

後ろ向き推論, 120

■ え

エキスパートシステム, 117
枝刈り, 53
エンコード, 236

■ お

オートエンコーダ, 236
オーバーライド, 74
重み, 205

■ か

過学習, 206
学習, 206
学習率, 213
確率的勾配降下法, 237
隠れ層, 216
可視化, 232
荷重減衰率, 247
荷重値, 205
型パラメータ, 17, 273
空リスト, 37, 271
関数型言語, 36

■ き

騎士の巡回問題, 58

基底クラス, 86
キャラクタ, 155
キュー, 175
教師信号, 206
教師なし学習, 236
局所解, 226

■く
繰り返し, 11

■け
継承, 20
結合, 151

■こ
誤差逆伝播学習法, 217
コッホ曲線, 20
コレクション, 273
コンスセル, 34, 271

■さ
再帰関数, 12
再帰呼び出し, 11
再帰レベル, 16
再描画, 43
細胞体, 204
サブクラス, 86
三目並べゲーム, 95

■し
ジェネリック, 273
シェルピンスキー曲線, 26
閾値, 212
シグモイド関数, 225
次元圧縮, 244
自己相似形, 17
事実, 119
シナプス, 204
ジャグ配列, 213
囚人のジレンマ, 95
出力層, 215
状態, 194
状態空間, 45
状態空間探索, 45
状態遷移図, 194
衝突, 162
人工生命, 143
人工生命シミュレーション, 151
人工知能, 11
深層学習, 227

■す
推論, 117
推論エンジン, 117
数学関数, 11
スーパークラス, 86
スタック, 13
スタックオーバーフロー, 12

■せ
整列, 151
ゼロサムゲーム, 94
遷移, 194
宣教師とモンスター問題, 67
線形分離, 215
線形分離不可能問題, 215
前提条件, 119

■そ
総称型, 273
ソート, 74
ソフトマックス関数, 205

■た
多クラス分類, 205
多重継承, 193
多層デノイジングオートエンコーダ, 258
多層パーセプトロン, 216
単純パーセプトロン, 204

■ち
知識ベース, 117
中間層, 216

■つ
ツリー曲線, 28
ツリー構造, 271

■て
ディープニューラルネットワーク, 258
ディープラーニング, 227
手書き文字認識, 227
デコード, 236
デノイジングオートエンコーダ, 245
デリゲート, 17

■と
動的配列, 37
ドラゴン曲線, 23
トレース, 14

■ な
流れ図, 100

■ に
二次元配列, 60
二進木, 271
ニューラルネットワーク, 204
入力層, 215
ニューロン, 204

■ の
農民と狼とヤギとキャベツ問題, 81
ノンプレイヤーキャラクタ, 155

■ は
バイアス, 212
排他制御, 258
排他論理和, 215
配列, 38
派生, 20
派生クラス, 86
パターン認識, 204
パターンマッチング, 125
発火, 204
バックトラッキング, 58
バックプロパゲーション, 217
ハノイの塔, 31
幅優先探索, 53
汎化能力, 206
パンくず拾い, 171

■ ひ
非ゼロサムゲーム, 95
ヒューリスティック関数, 182

■ ふ
ファインチューニング, 259
深さ優先探索, 62
副作用, 36, 270
副問題, 31
二人零和有限確定完全情報ゲーム, 94
フラクタル, 17
プレトレーニング, 258
フローチャート, 100
プロダクションシステム, 117
分離, 151

■ へ
並列演算, 252

並列分割数, 256
ベータ値, 116
β カット, 112

■ ほ
ボイド, 143

■ ま
前向き推論, 120
マップ, 155
マルチスレッド, 104, 168

■ み
ミニバッチ更新, 238
ミニマックス戦略, 107

■ む
群れ, 151

■ め
メソッドチェーン, 272

■ も
目標状態, 45

■ ゆ
有限状態マシン, 194

■ ら
ラムダ式, 16
ラムダ式の引数型宣言, 39
ランダム, 143

■ り
リスト, 38
リスト処理ライブラリ, 34

■ る
ループ処理, 11
ルール, 119

■ れ
連想配列, 92

■ ろ
ローカルミニマム, 226
ロジスティック回帰, 205
ロジスティック関数, 205
論理積, 215

■筆者紹介

深井　裕二　（ふかい　ゆうじ）

北海道科学大学工学部情報工学科准教授

プログラミング分野、実用的ソフトウェア開発や教育支援システム開発の研究に従事

公開フリーソフトにMoodle小テスト問題作成ソフトQuEditがある

C#人工知能プログラミング
～オブジェクト指向＋関数型＋グラフィックスで体験するAI～

2018年3月30日　初版発行
2020年8月10日　第二刷発行

著　者　深井　裕二

定価(本体価格2,500円＋税)

発行所　　株式会社　三恵社
〒462-0056 愛知県名古屋市北区中丸町2-24-1
TEL 052 (915) 5211
FAX 052 (915) 5019
URL http://www.sankeisha.com

乱丁・落丁の場合はお取替えいたします。　　　　©2018 Yuji Fukai
ISBN978-4-86487-843-2 C2004 ¥2500E